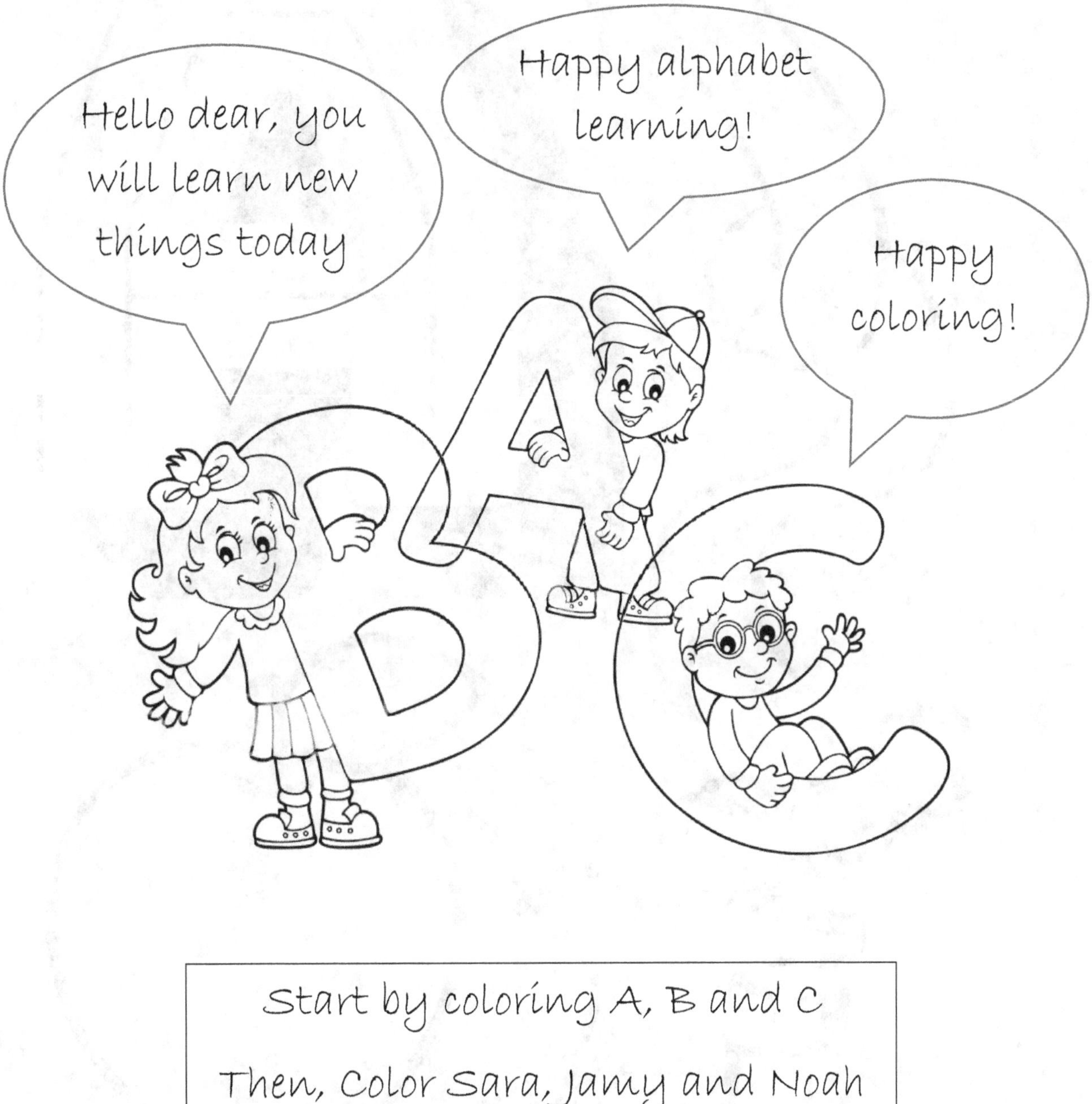

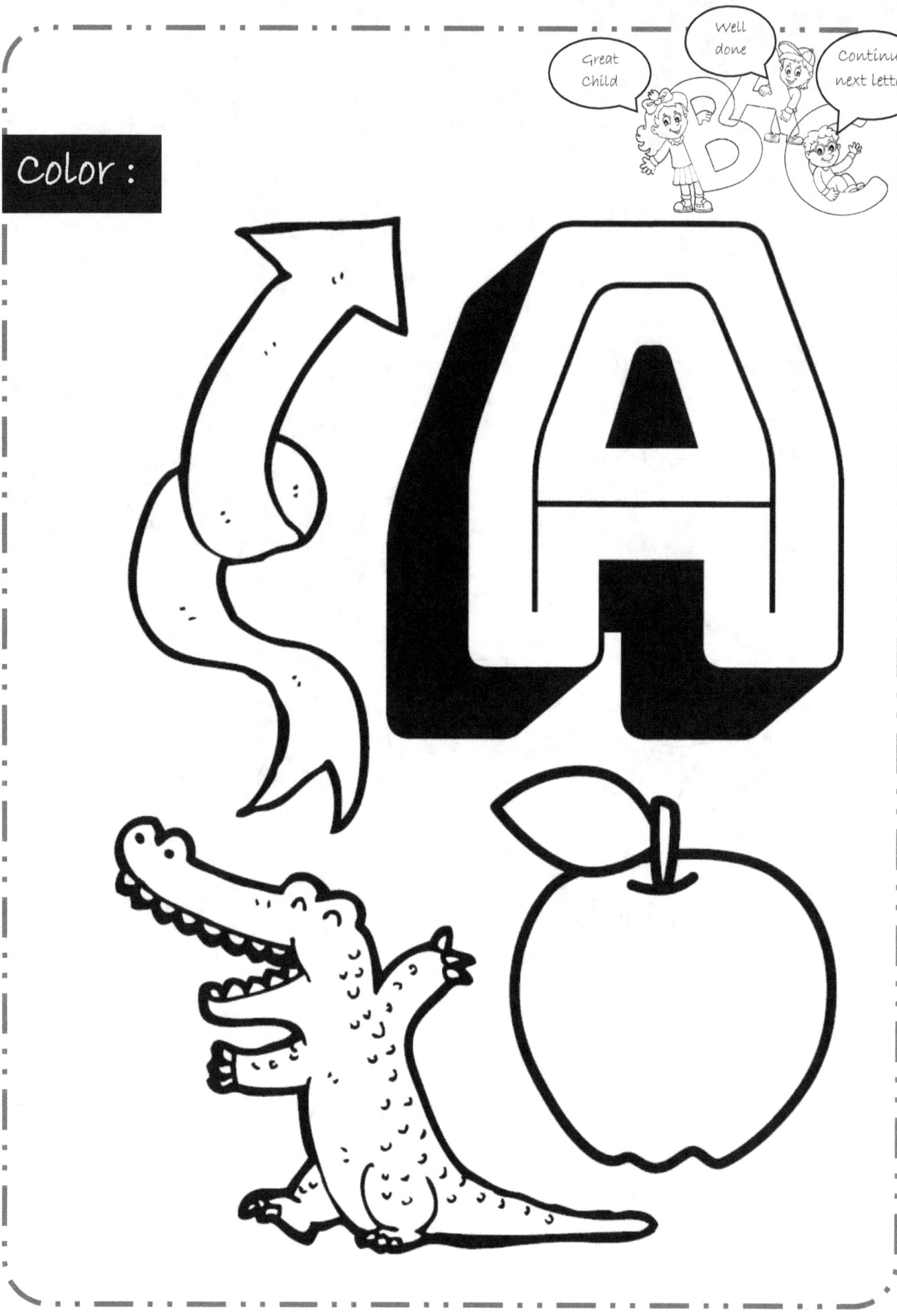

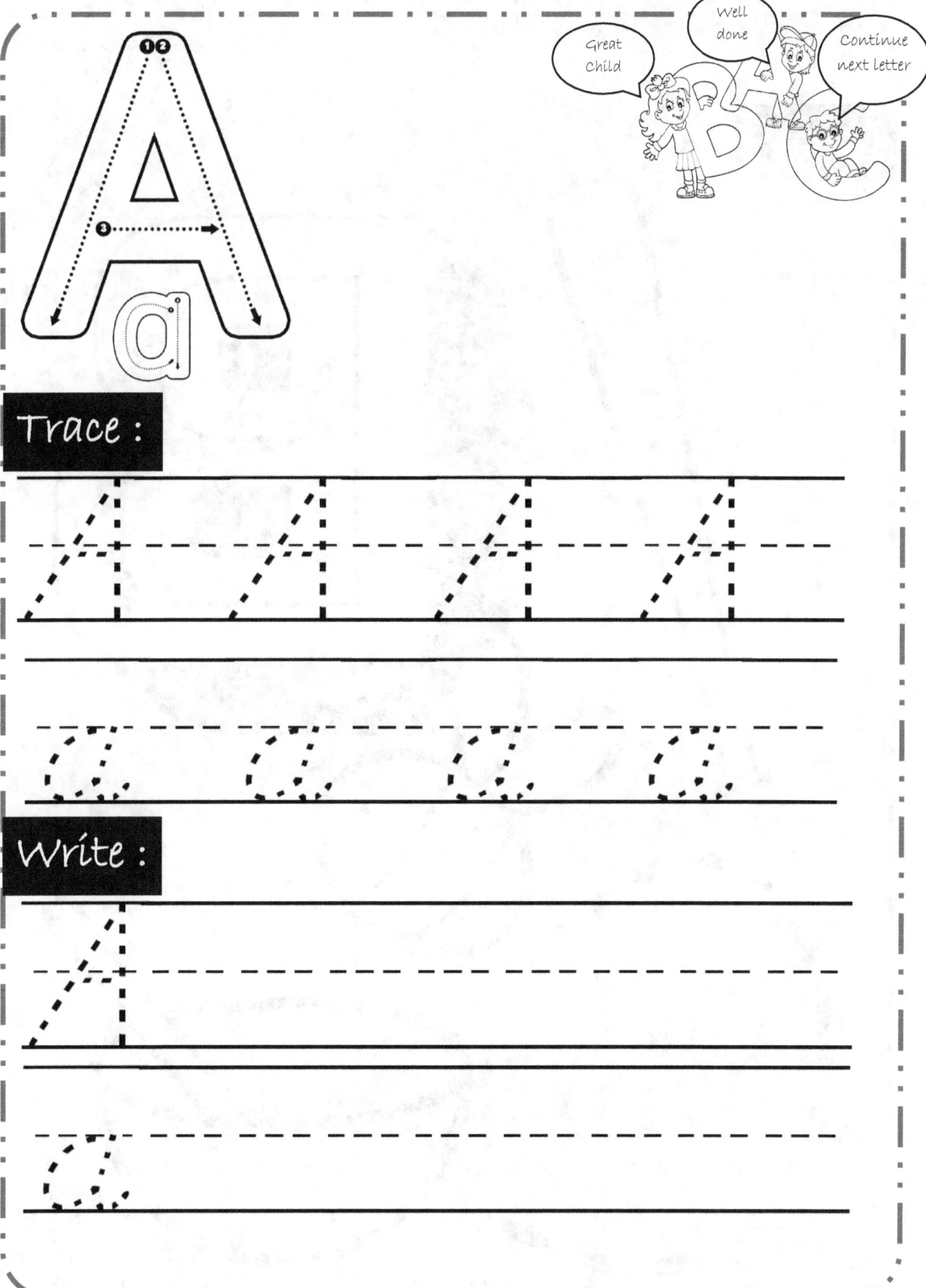

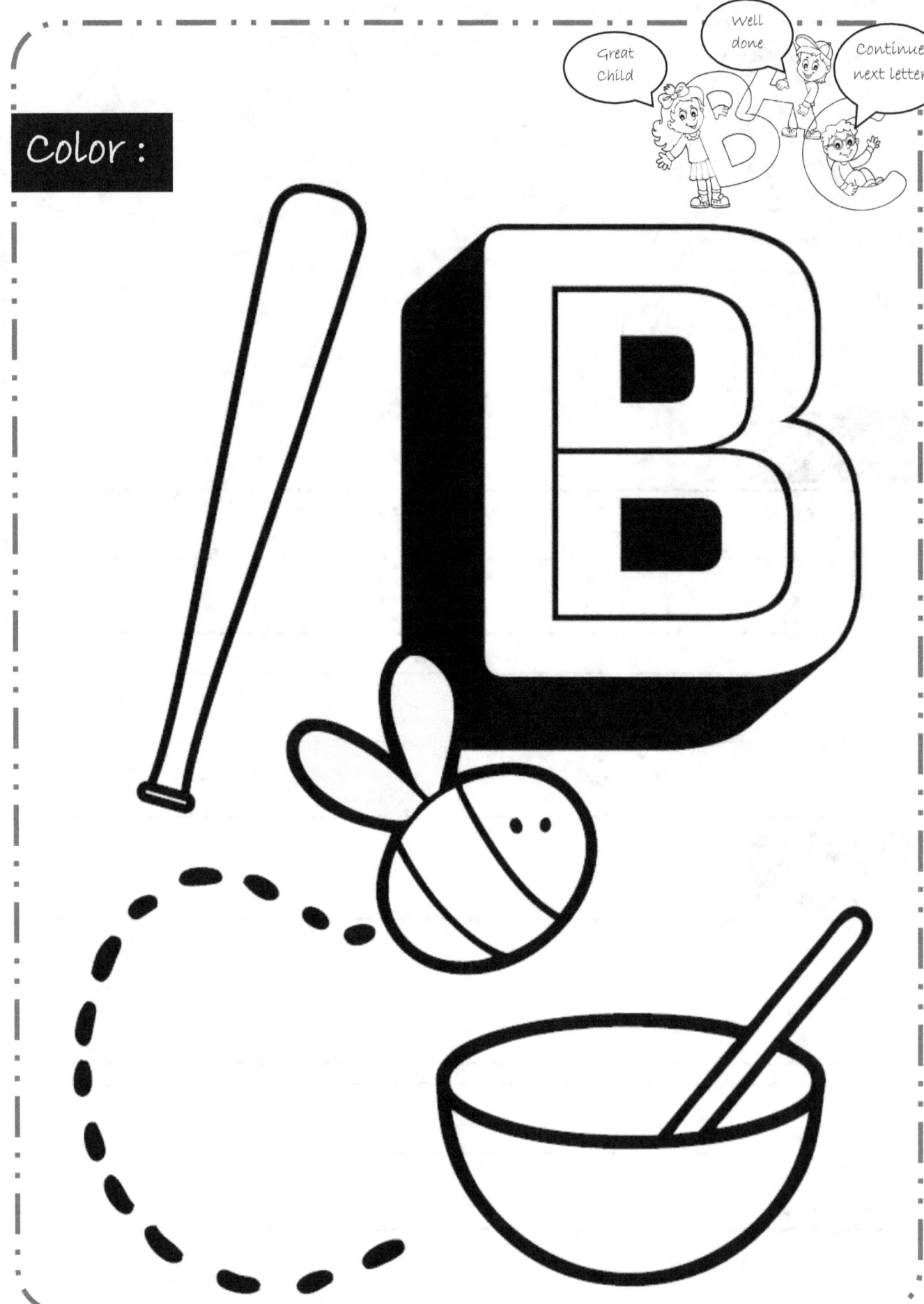

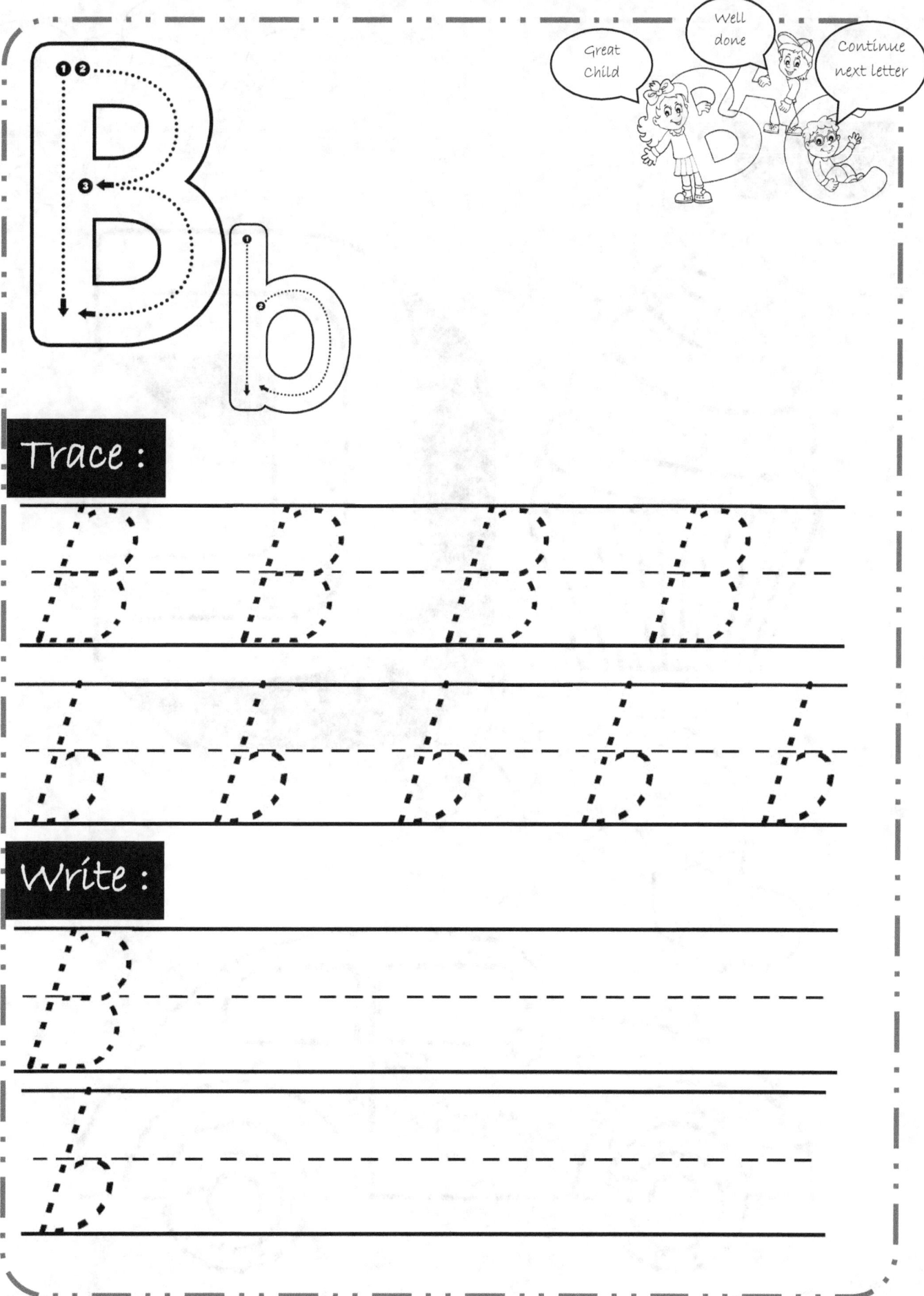

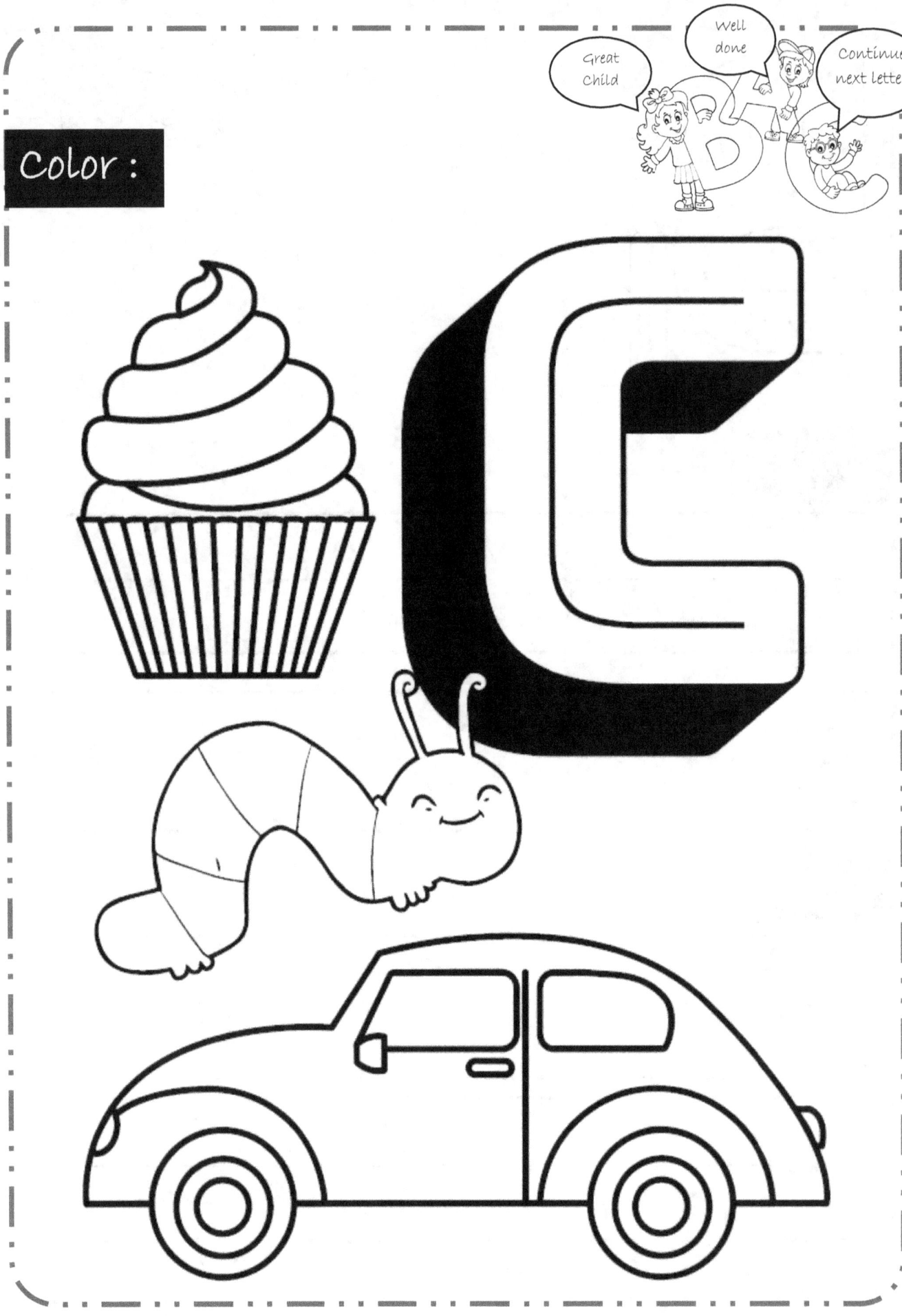

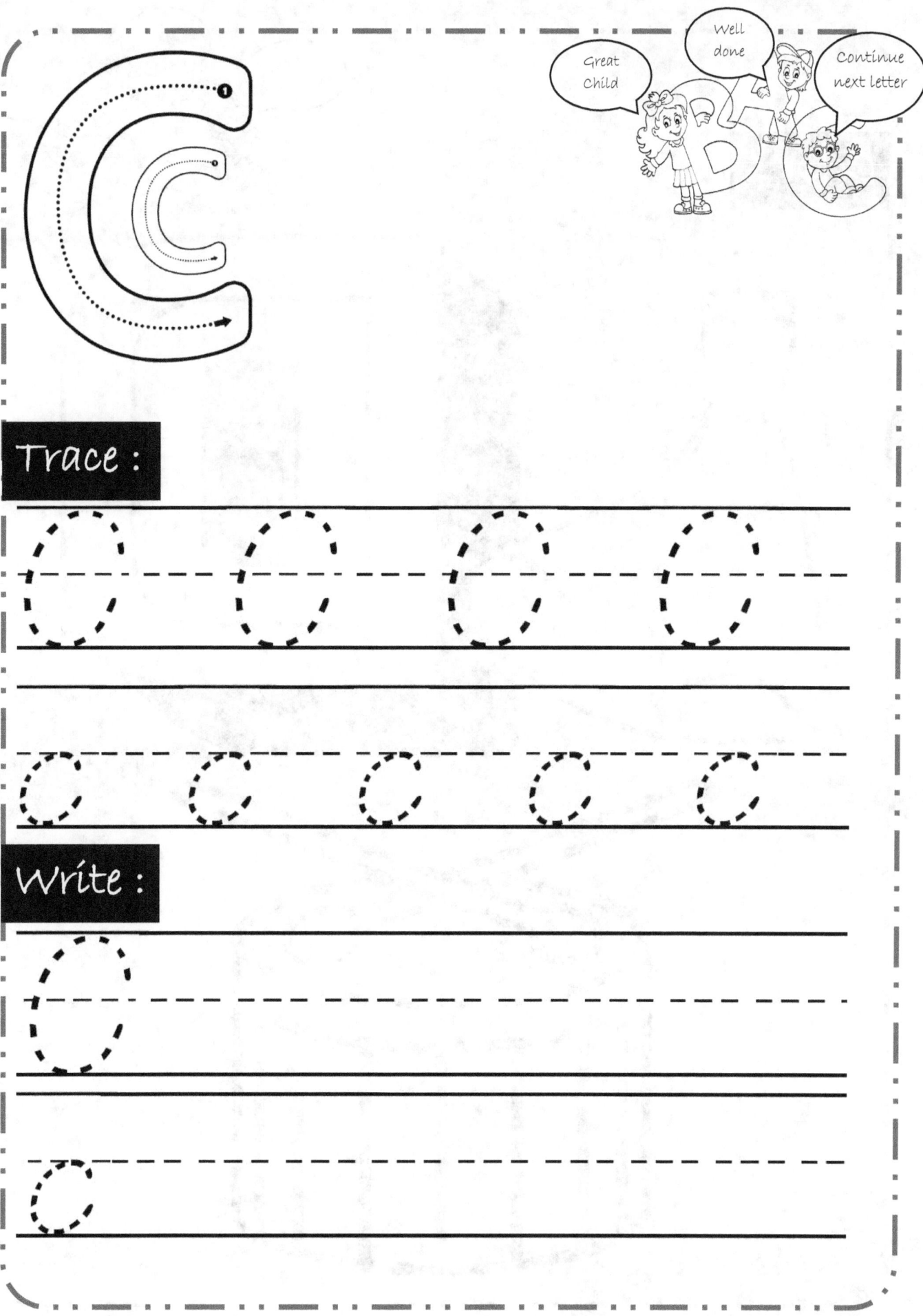

Color:

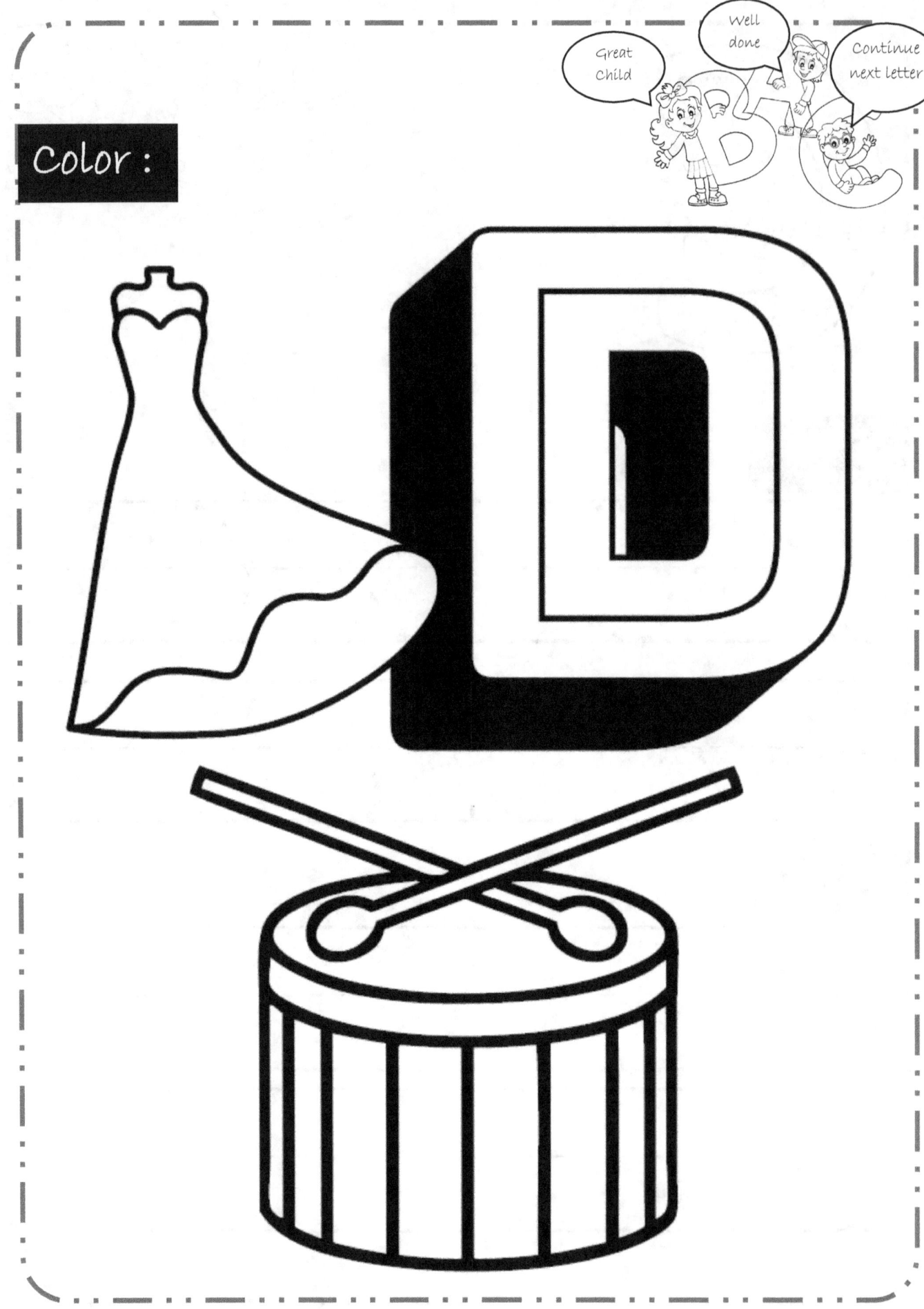

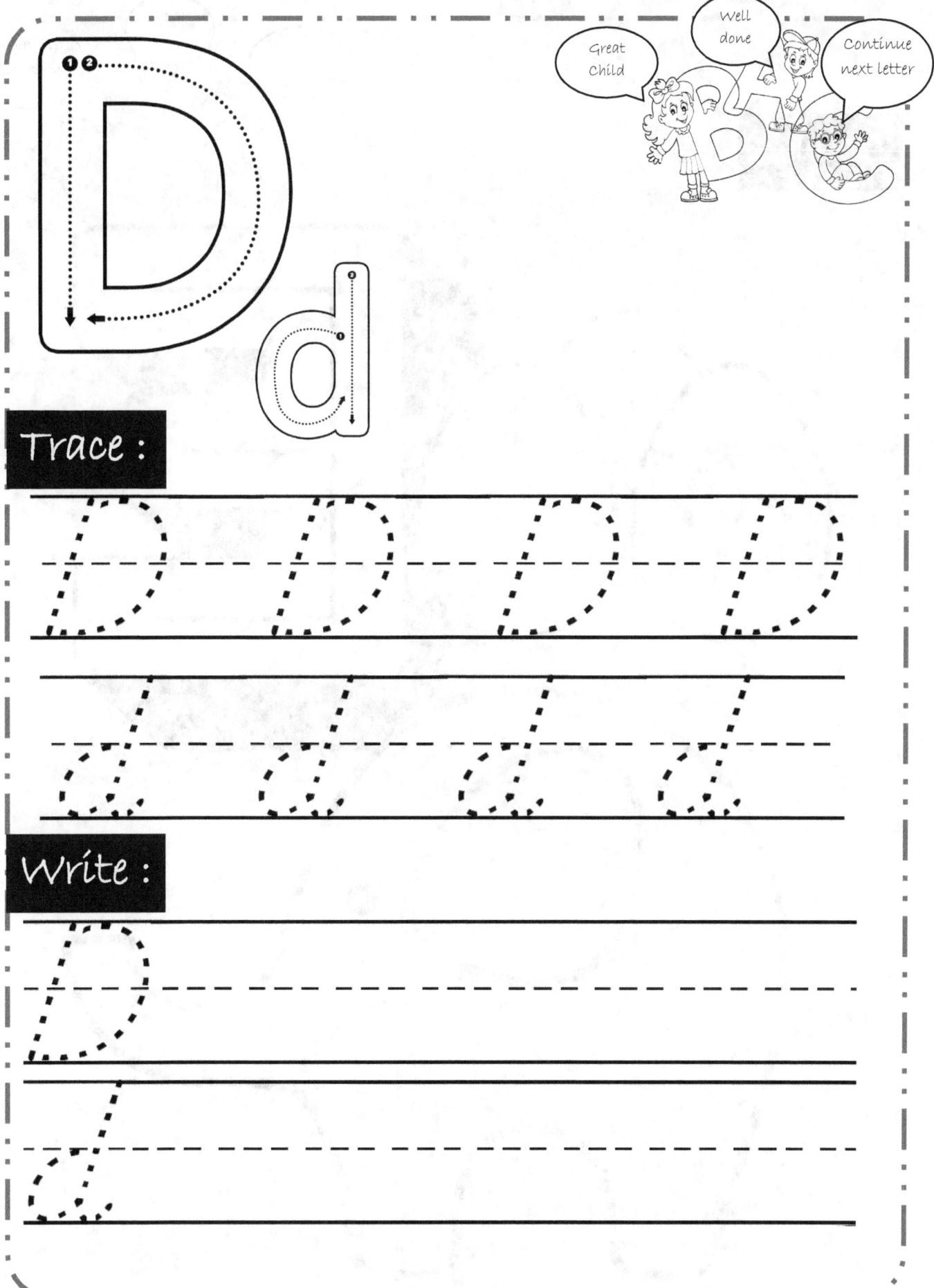

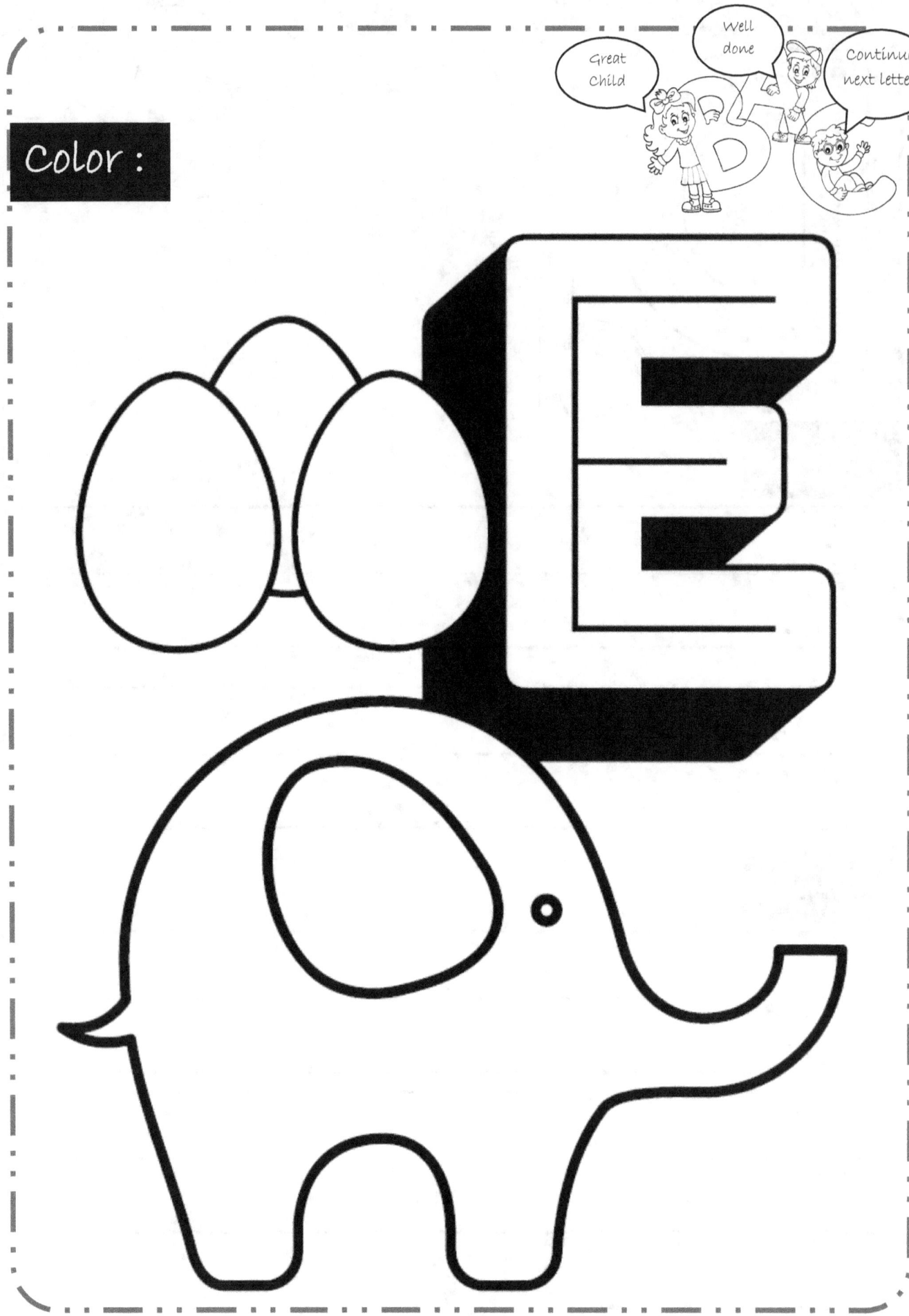

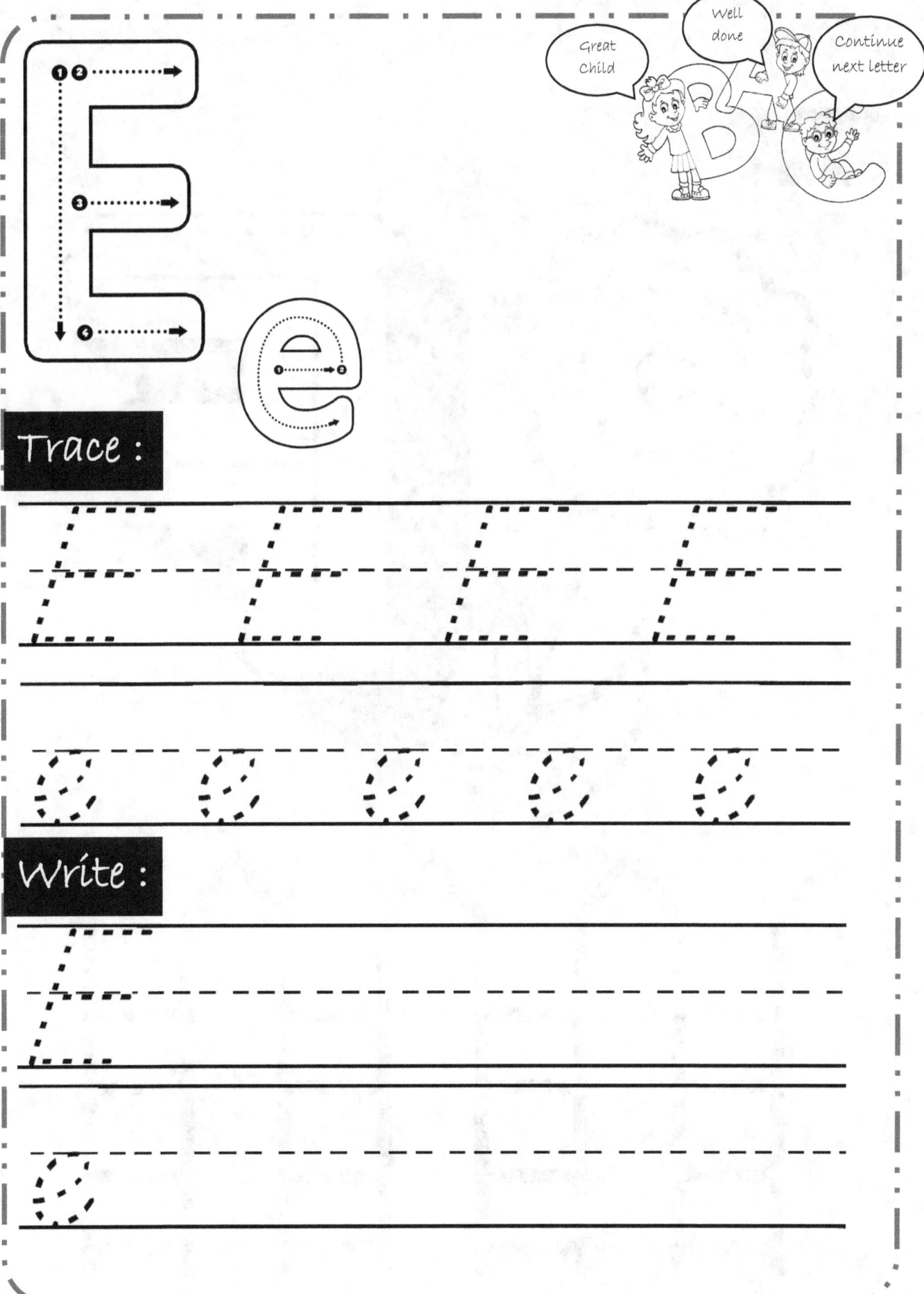

Color :

Great Child

Well done

Continue next letter

F

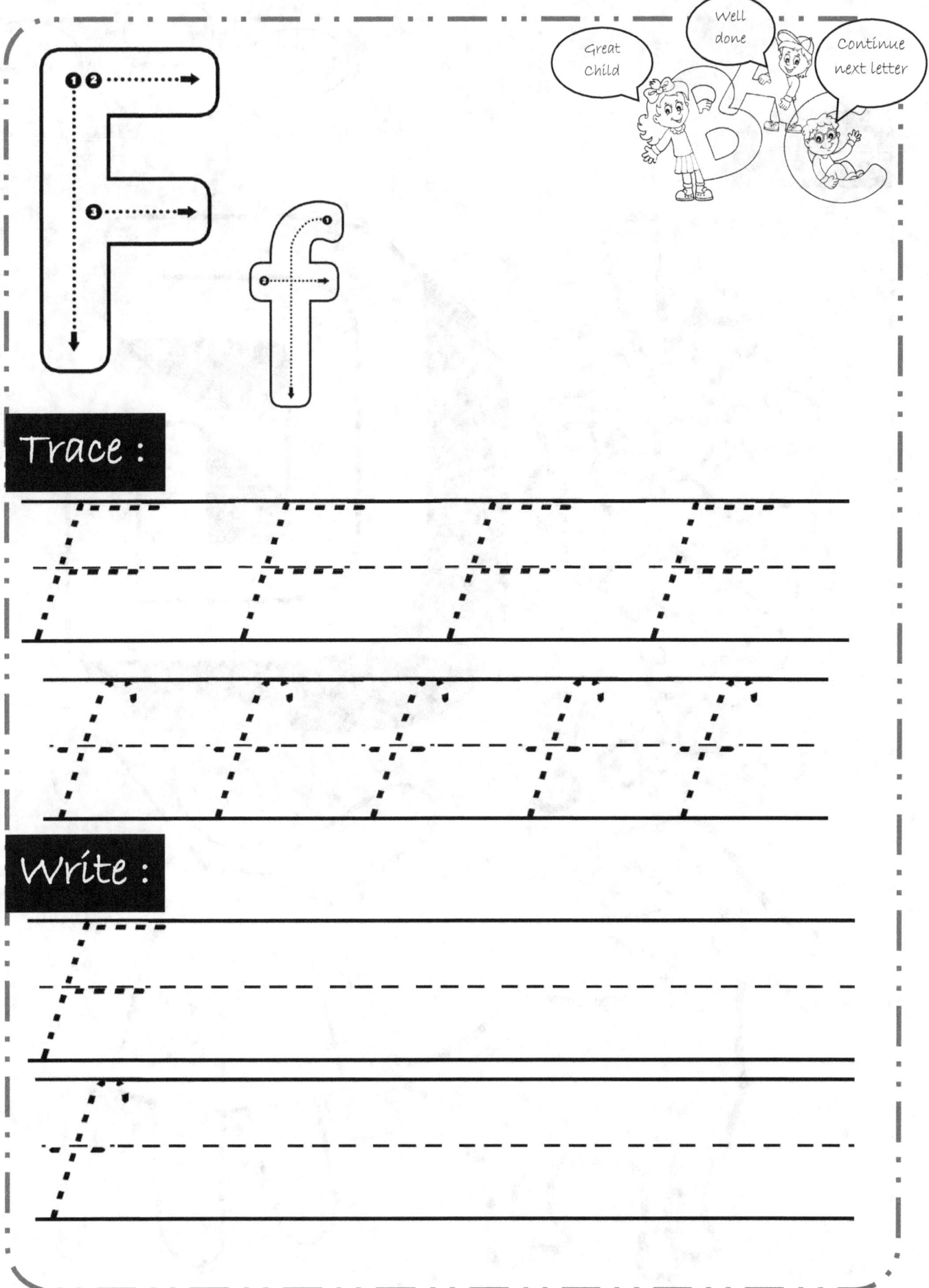

Color :

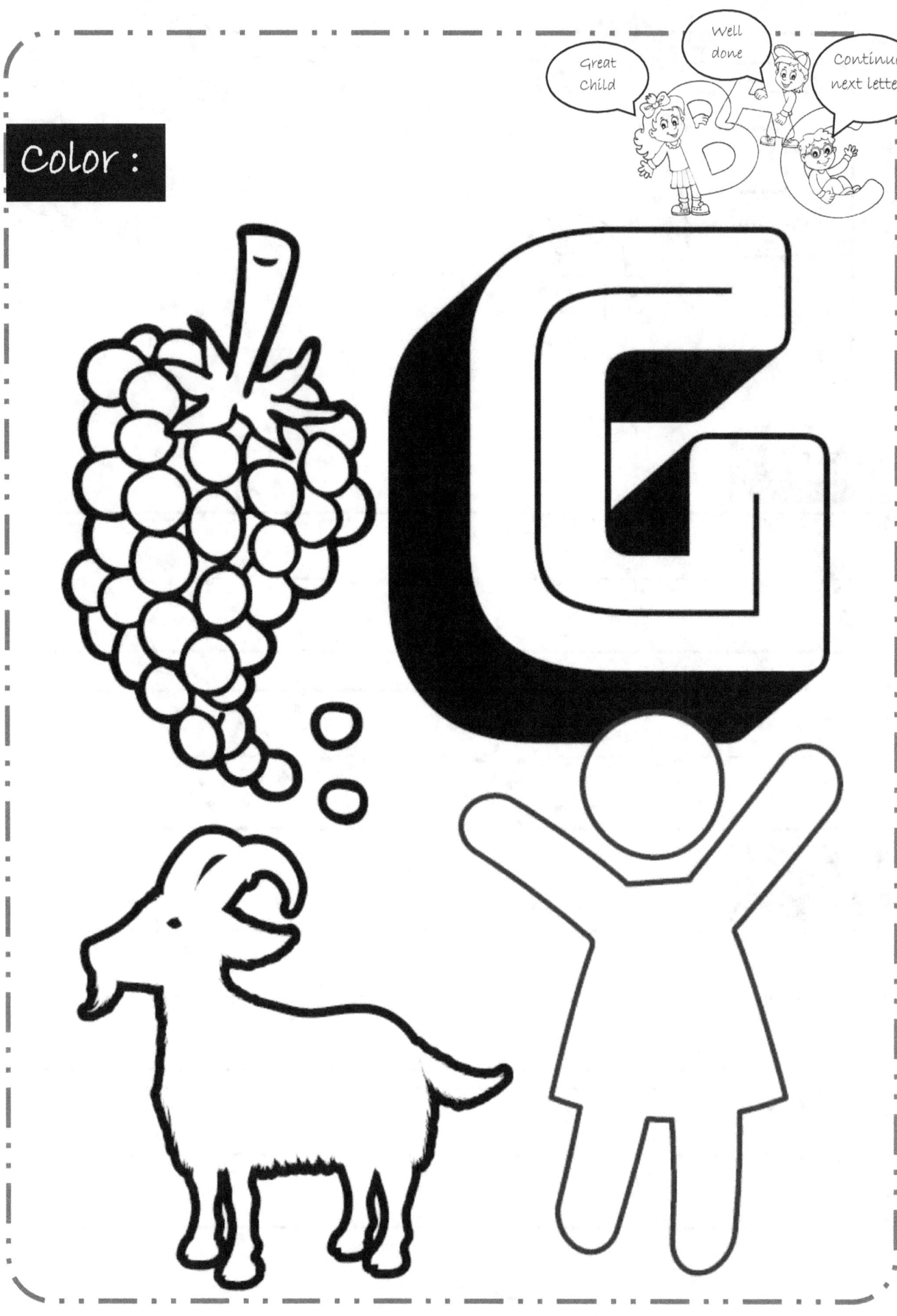

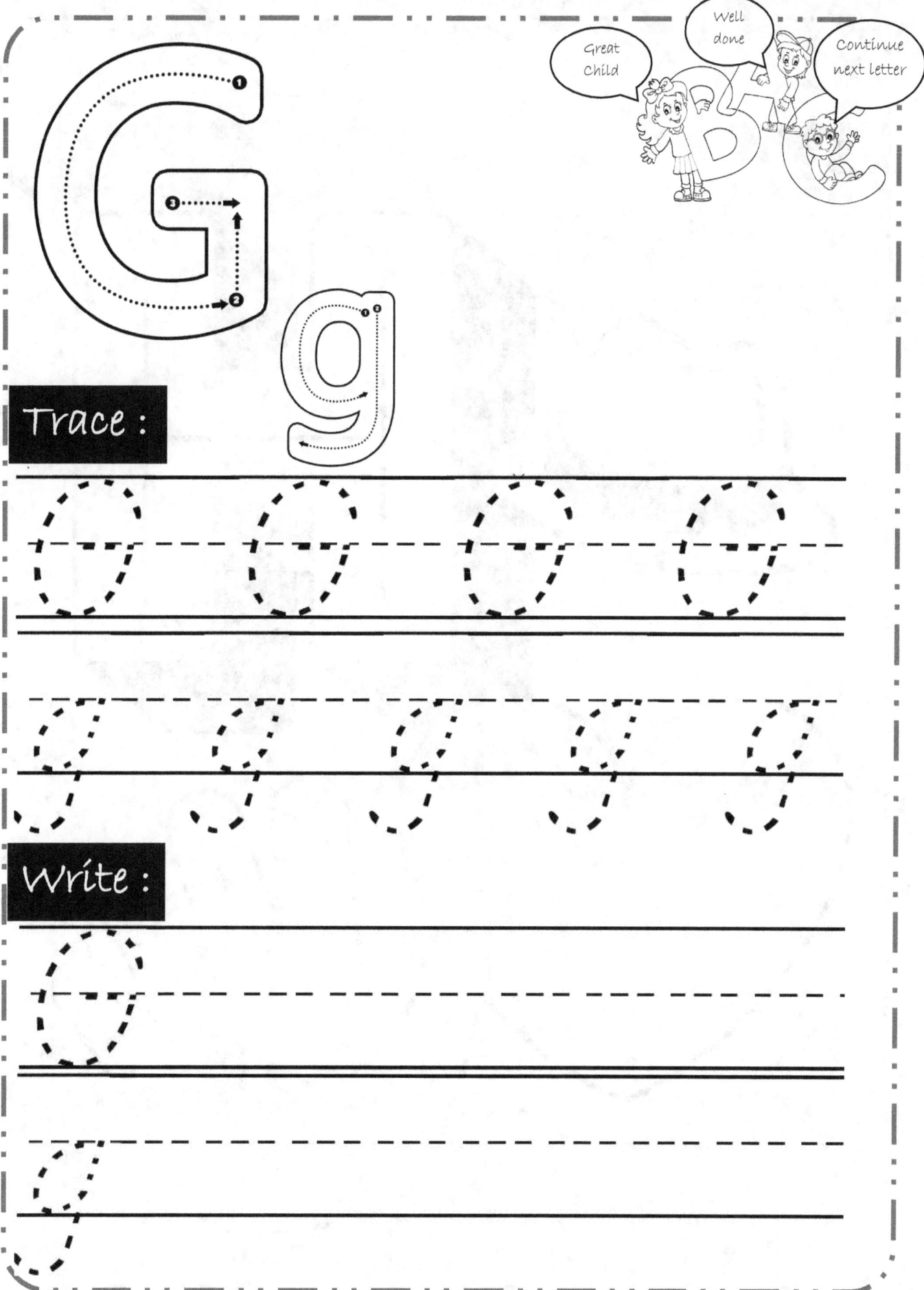

Color:

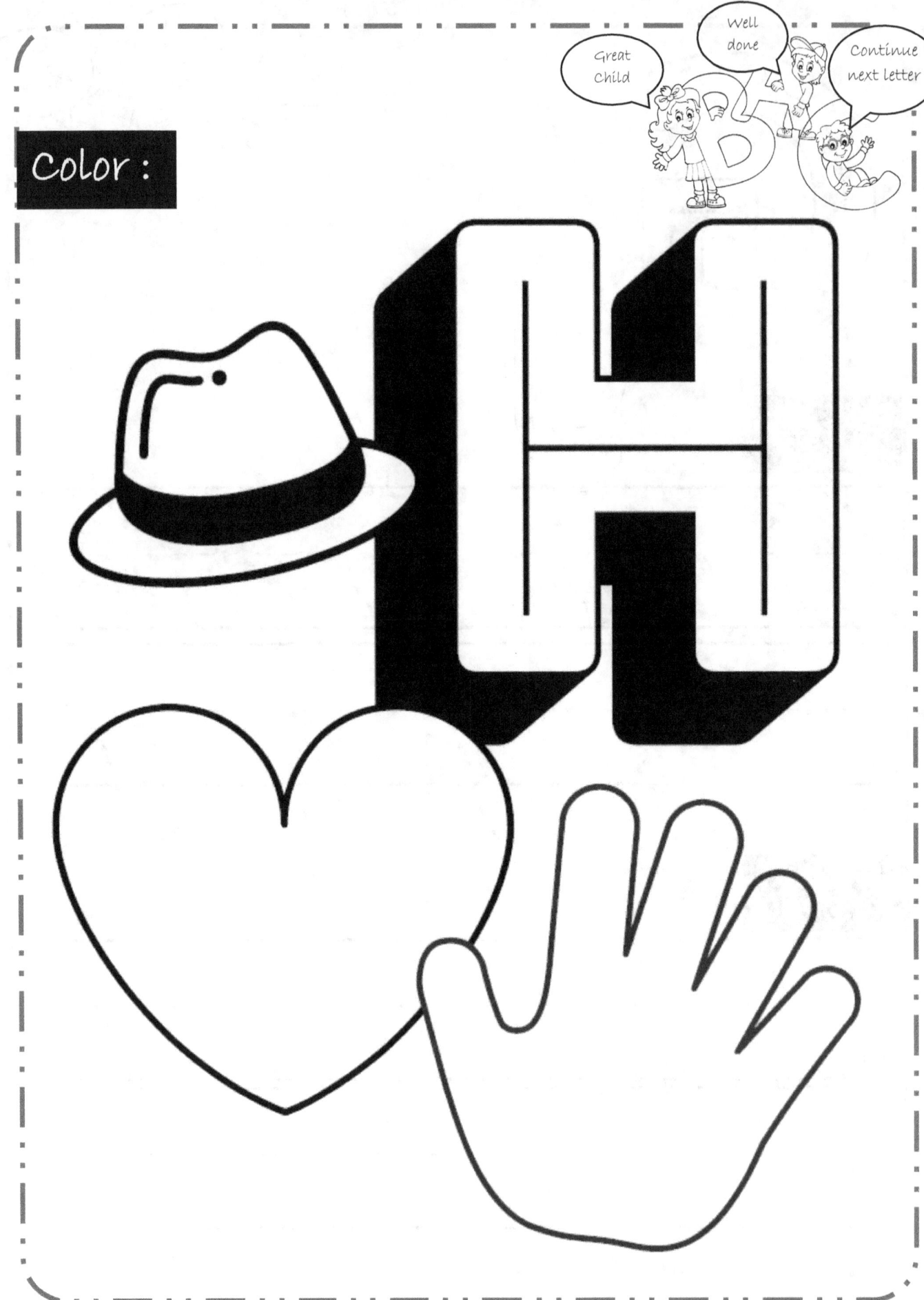

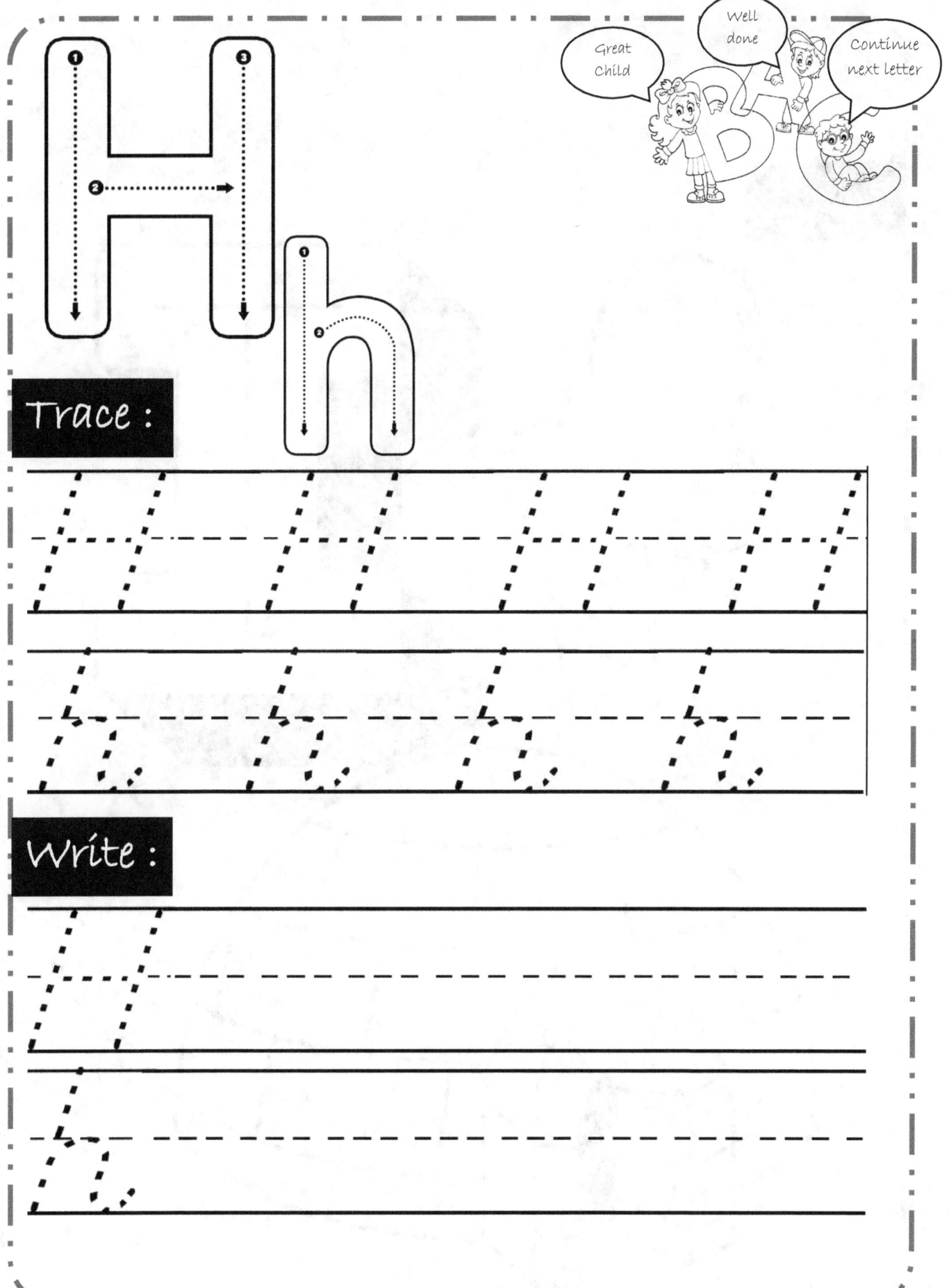

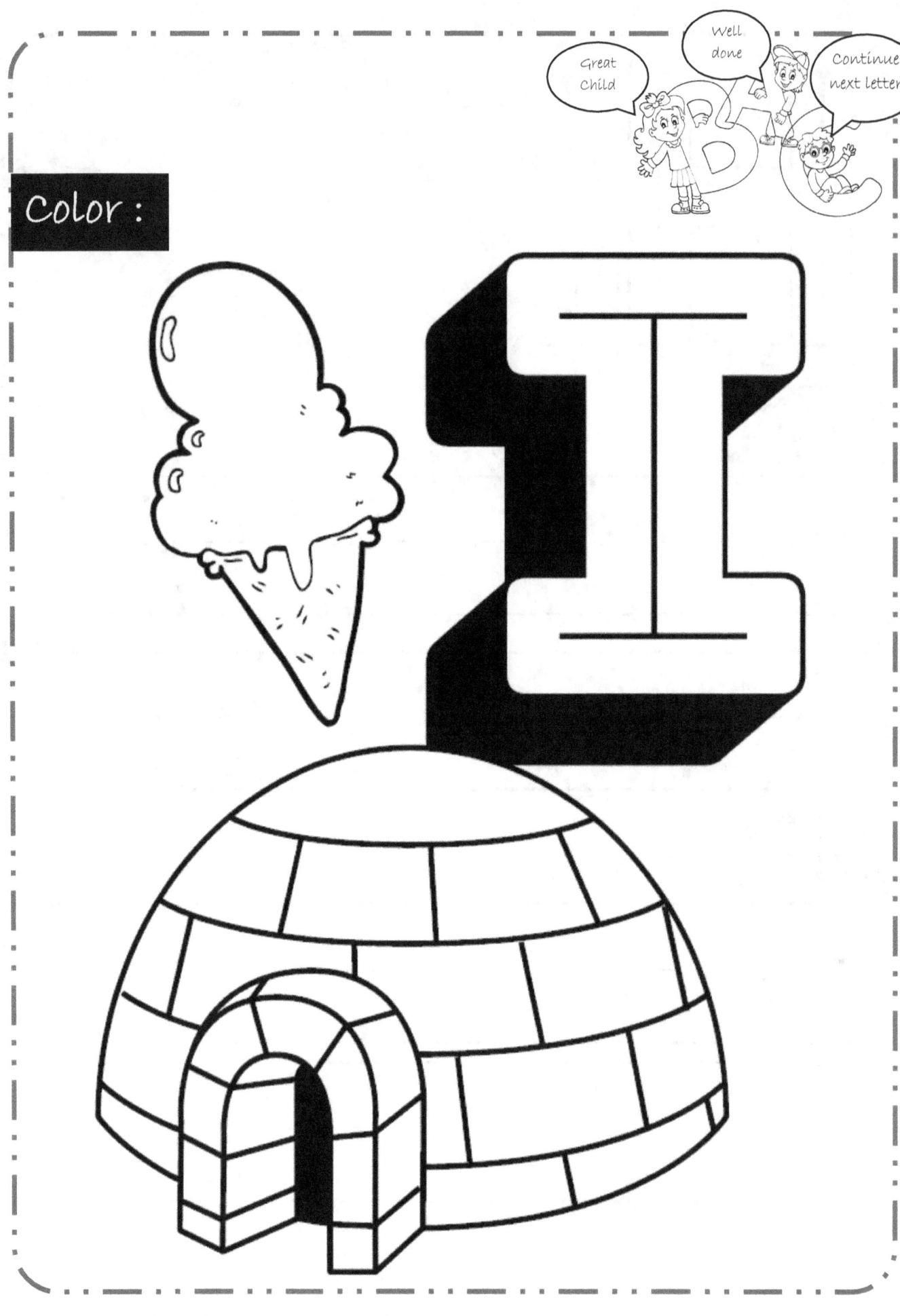

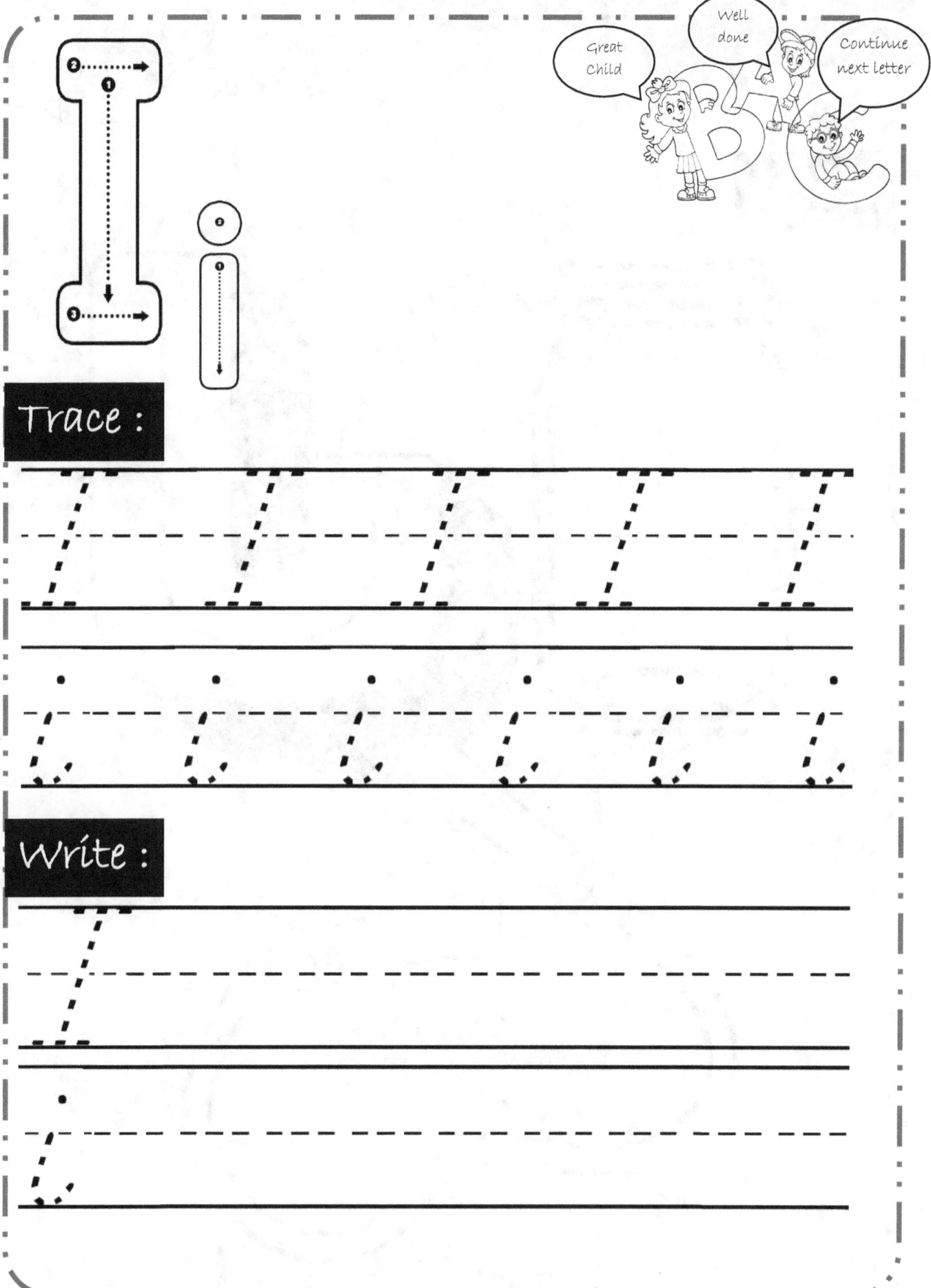

Color:

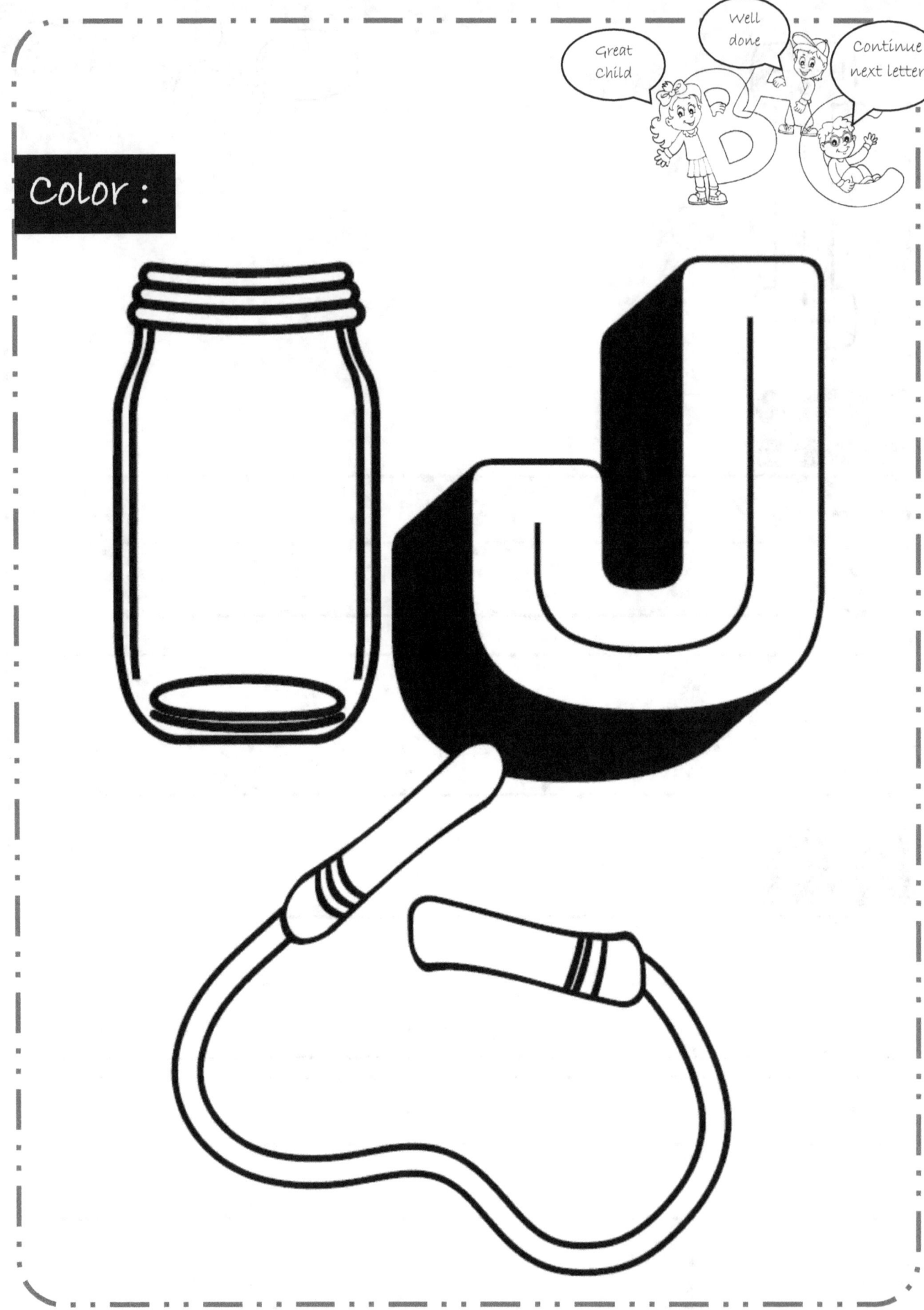

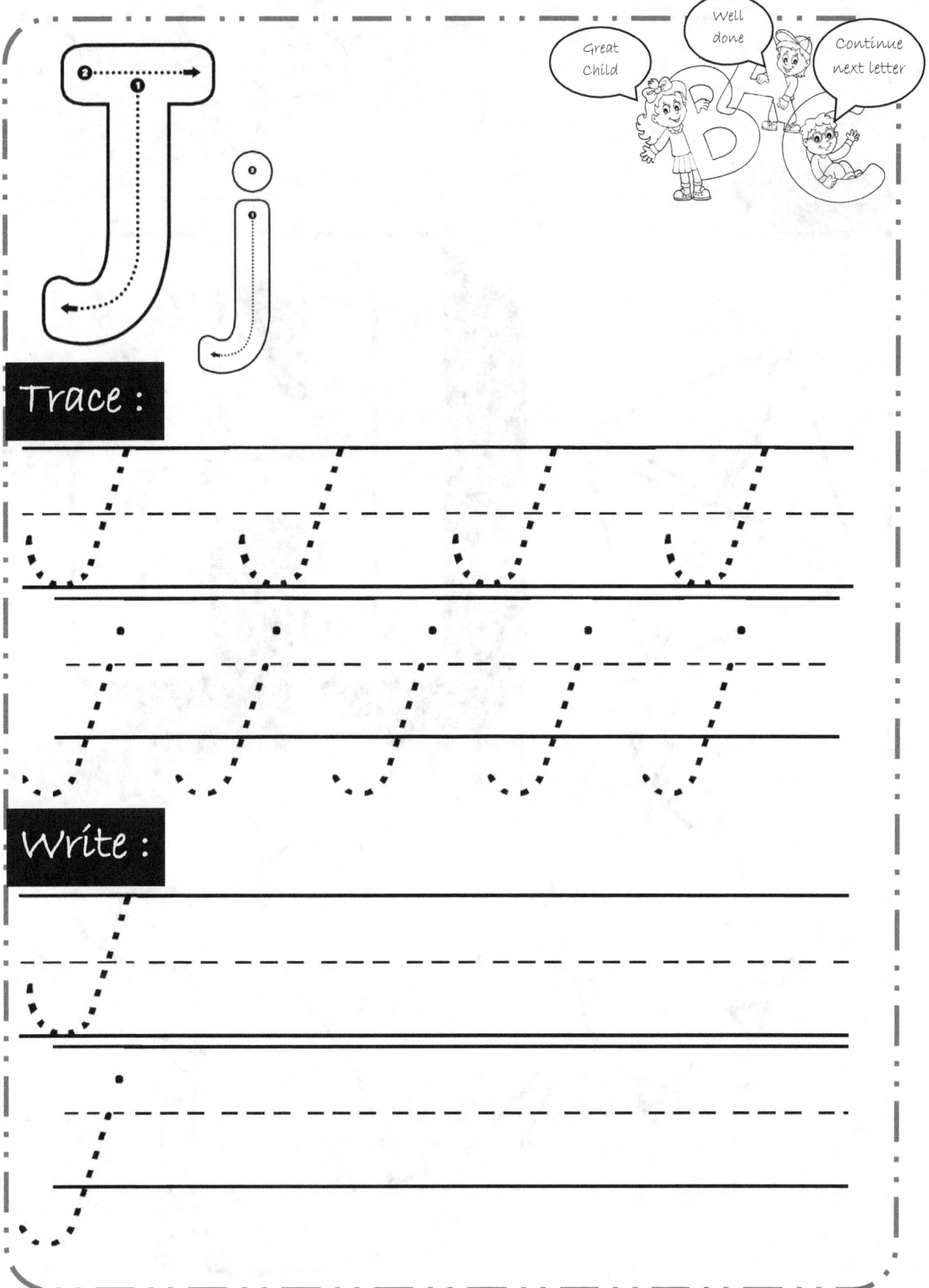

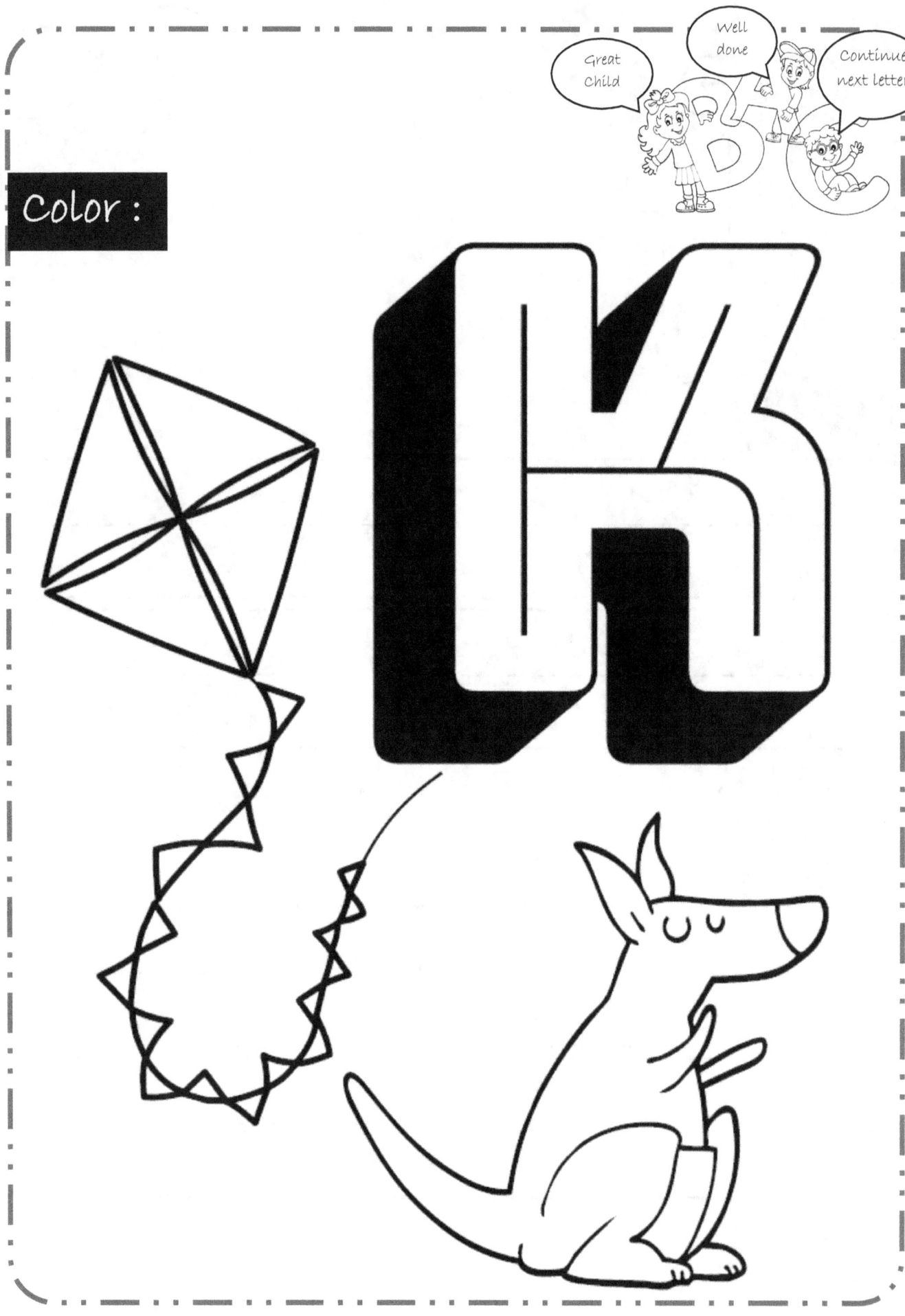

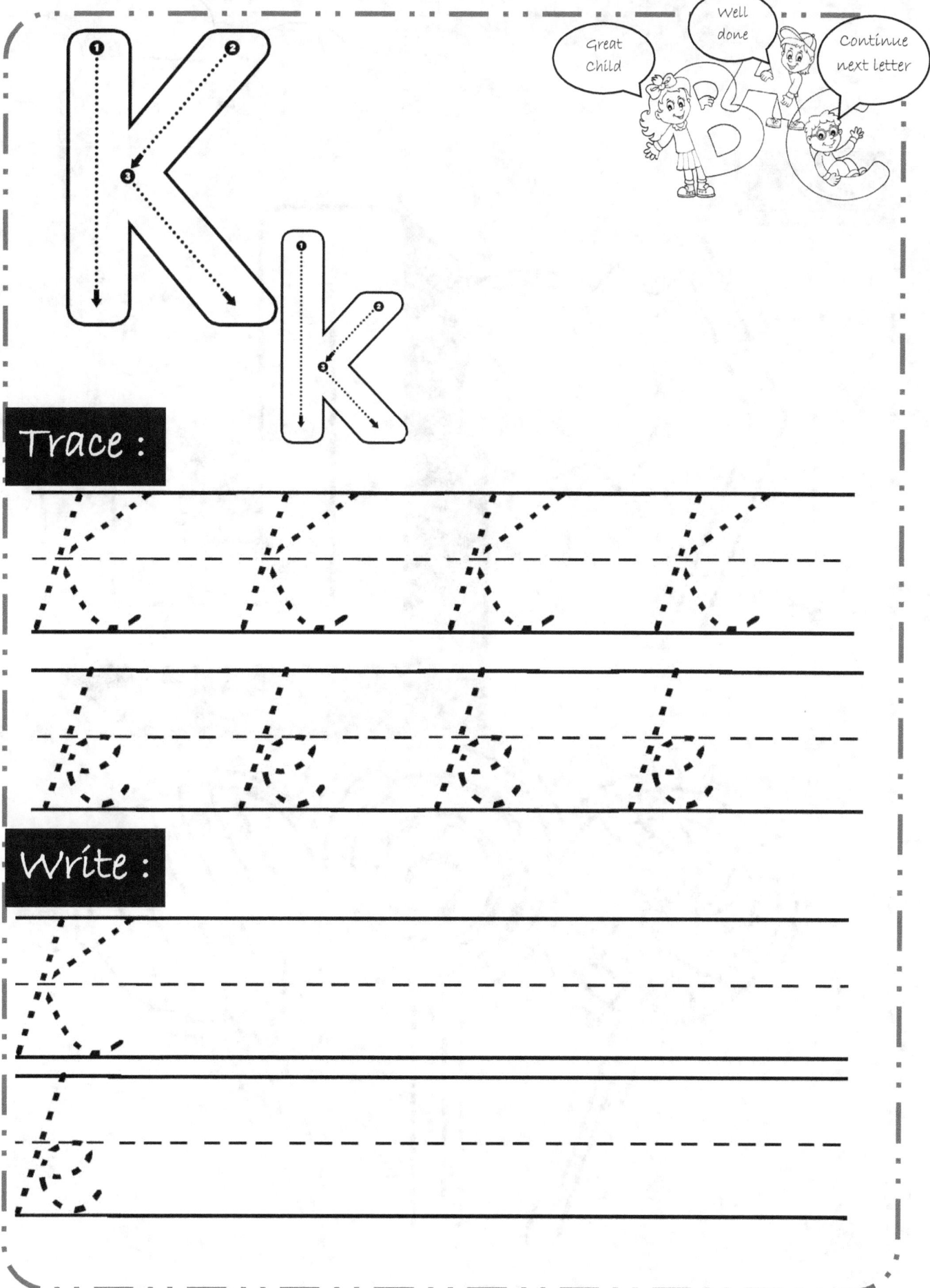

Color:

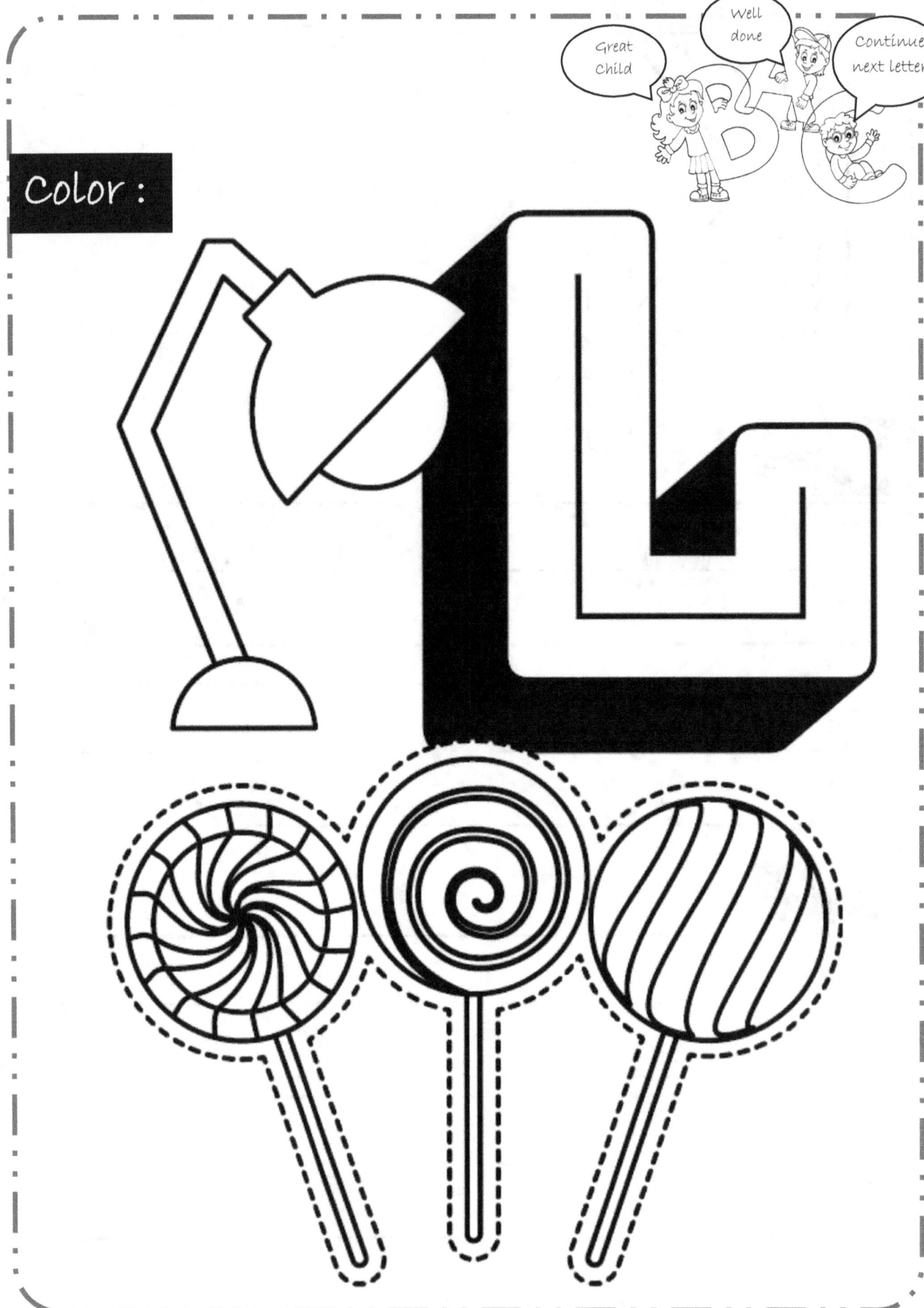

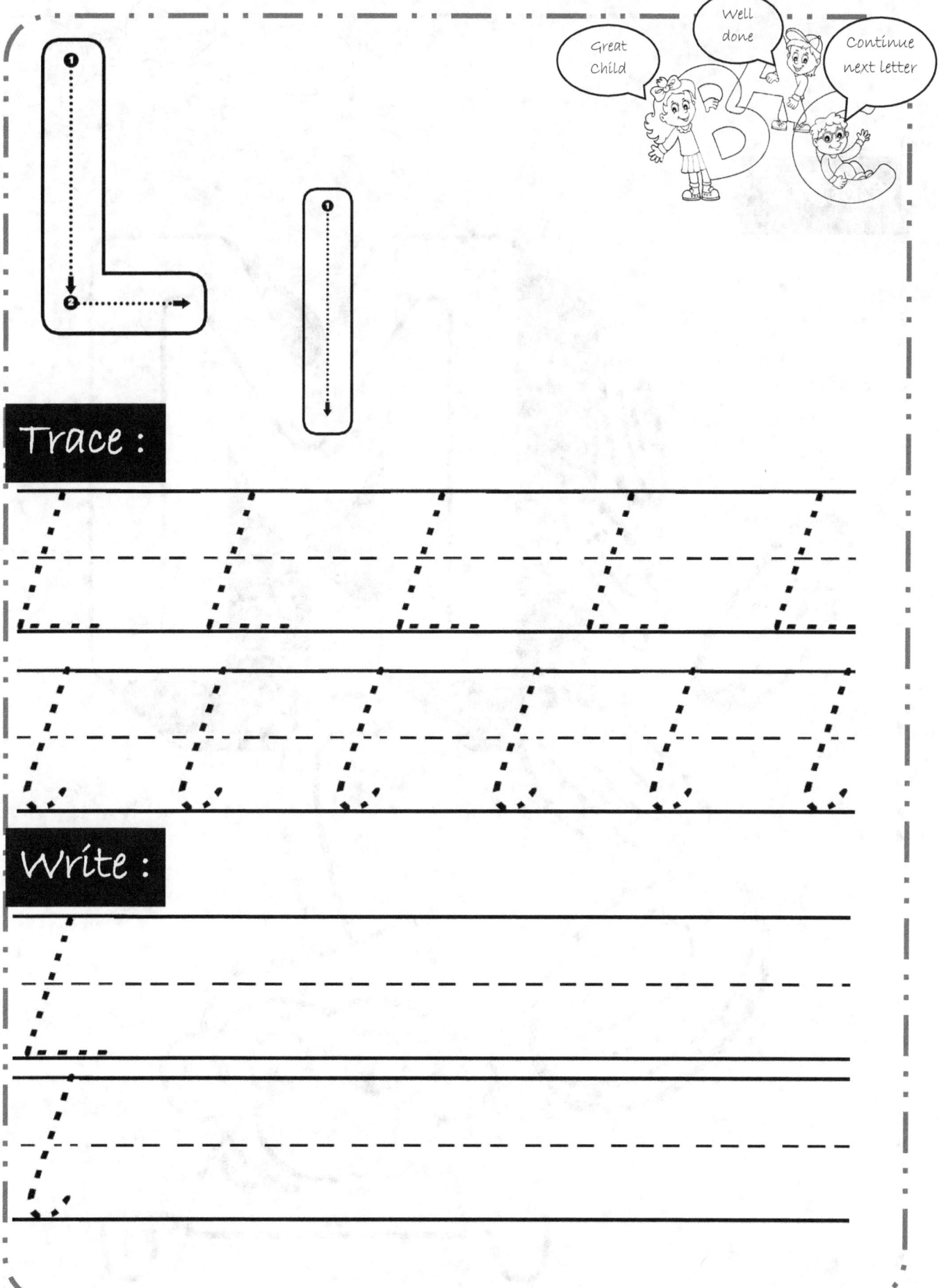

Color :

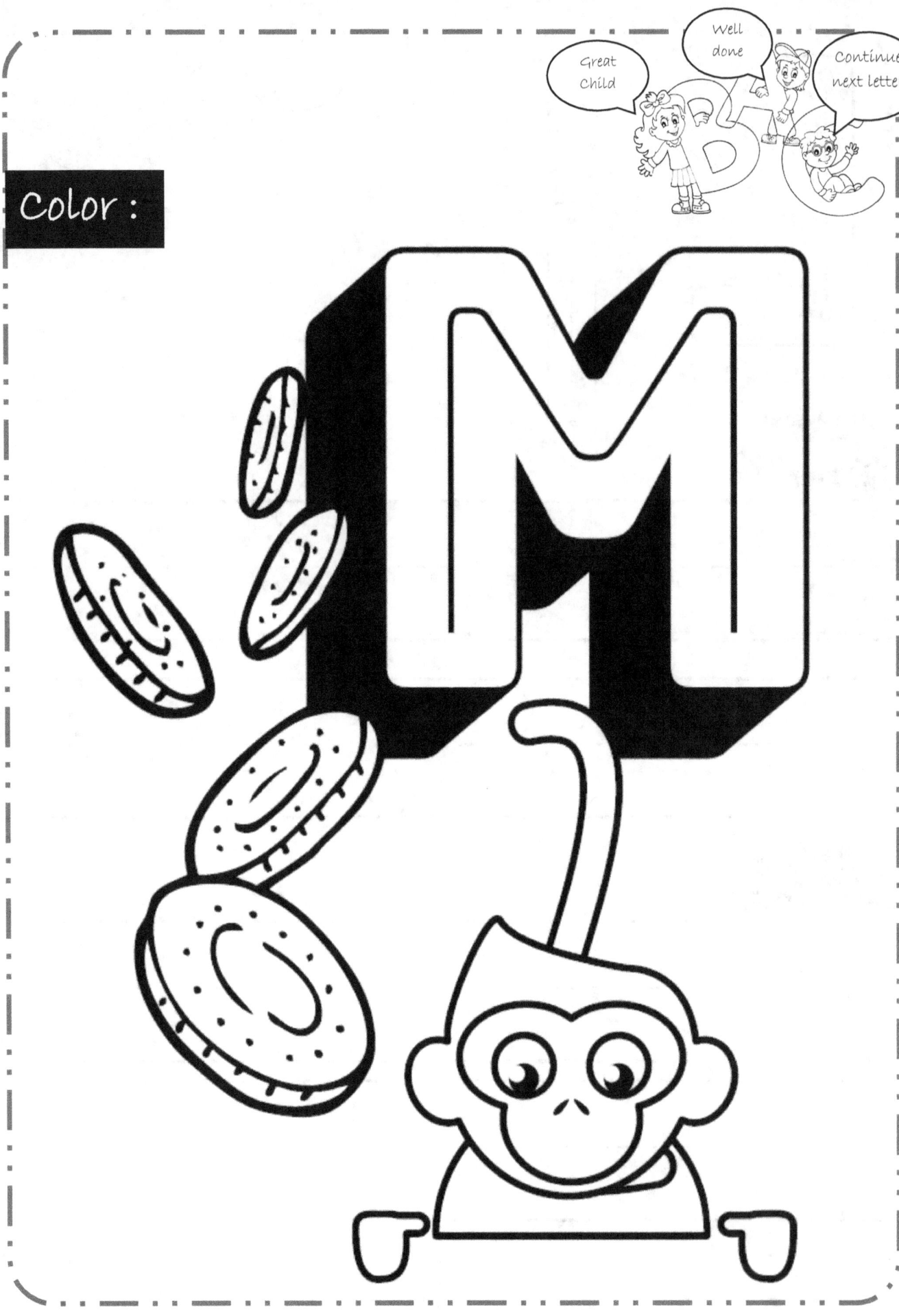

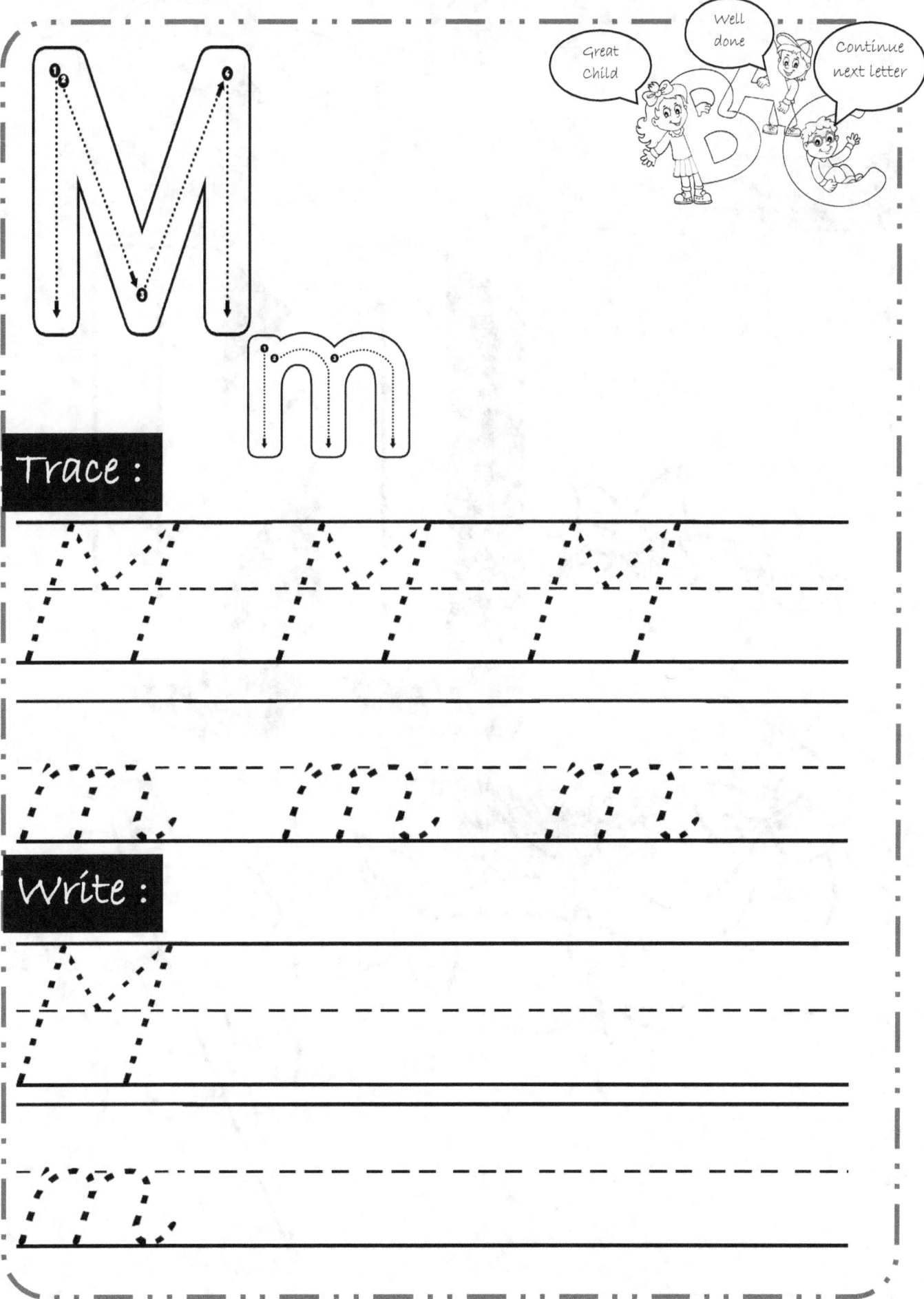

Color:

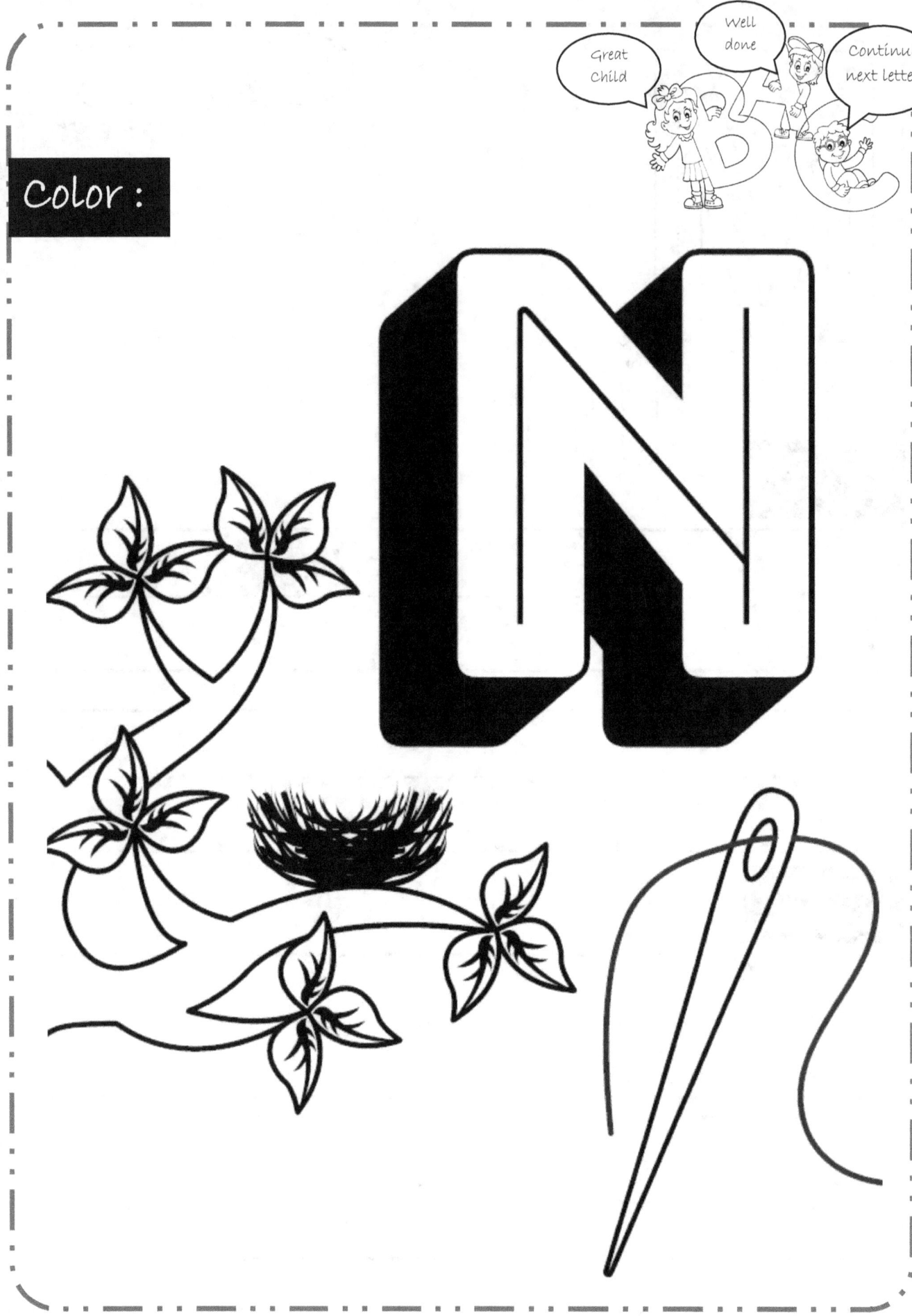

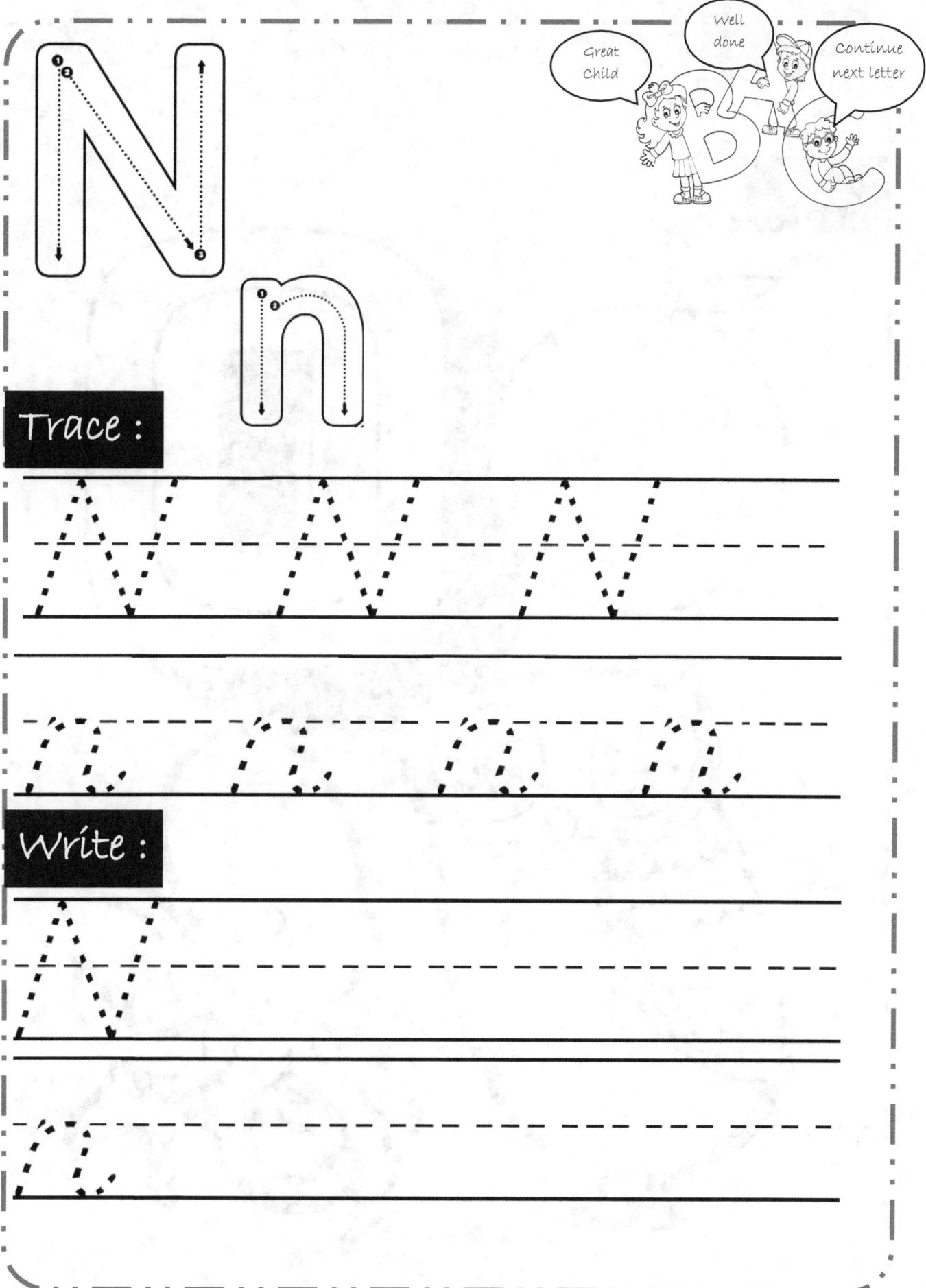

Color:

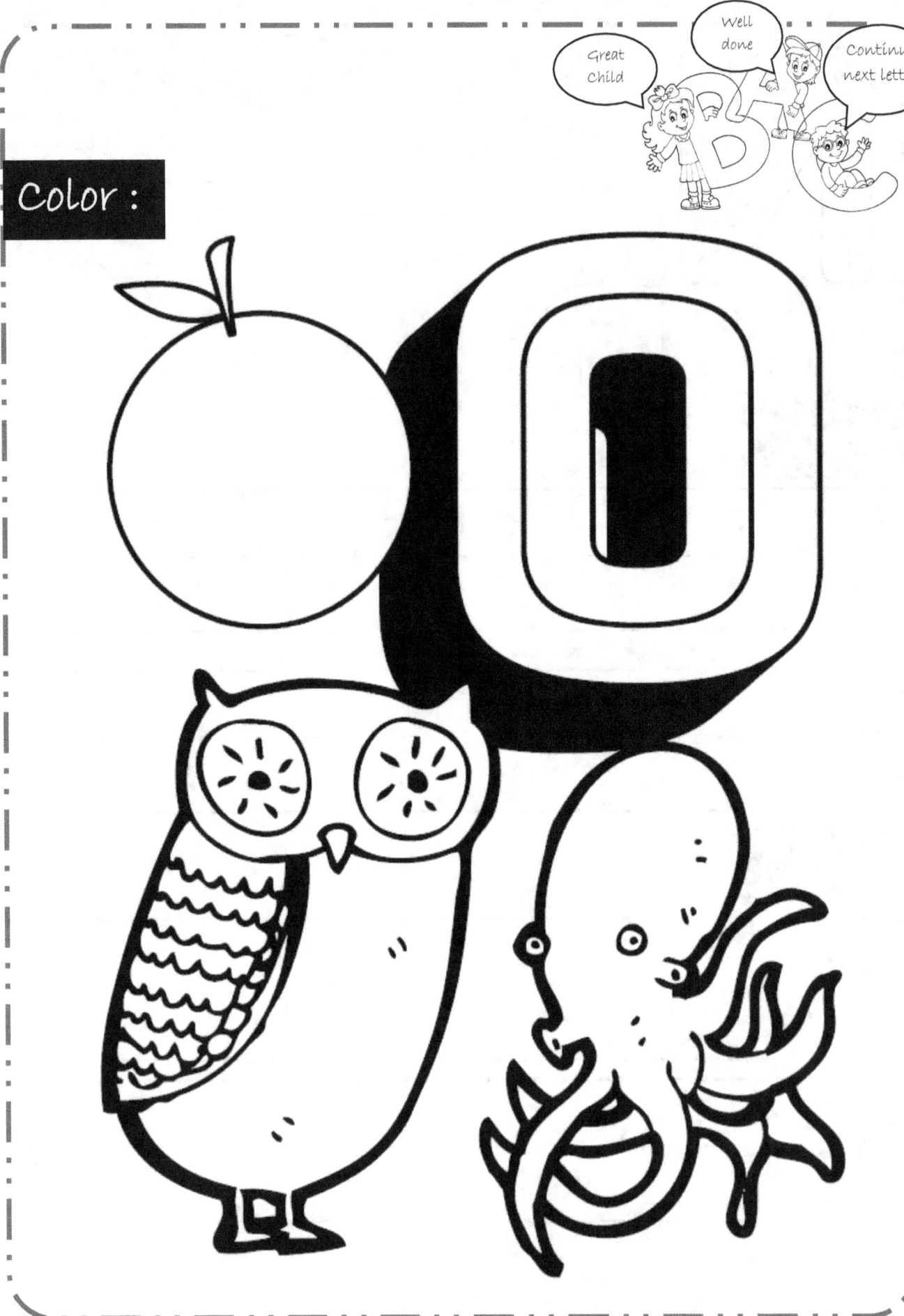

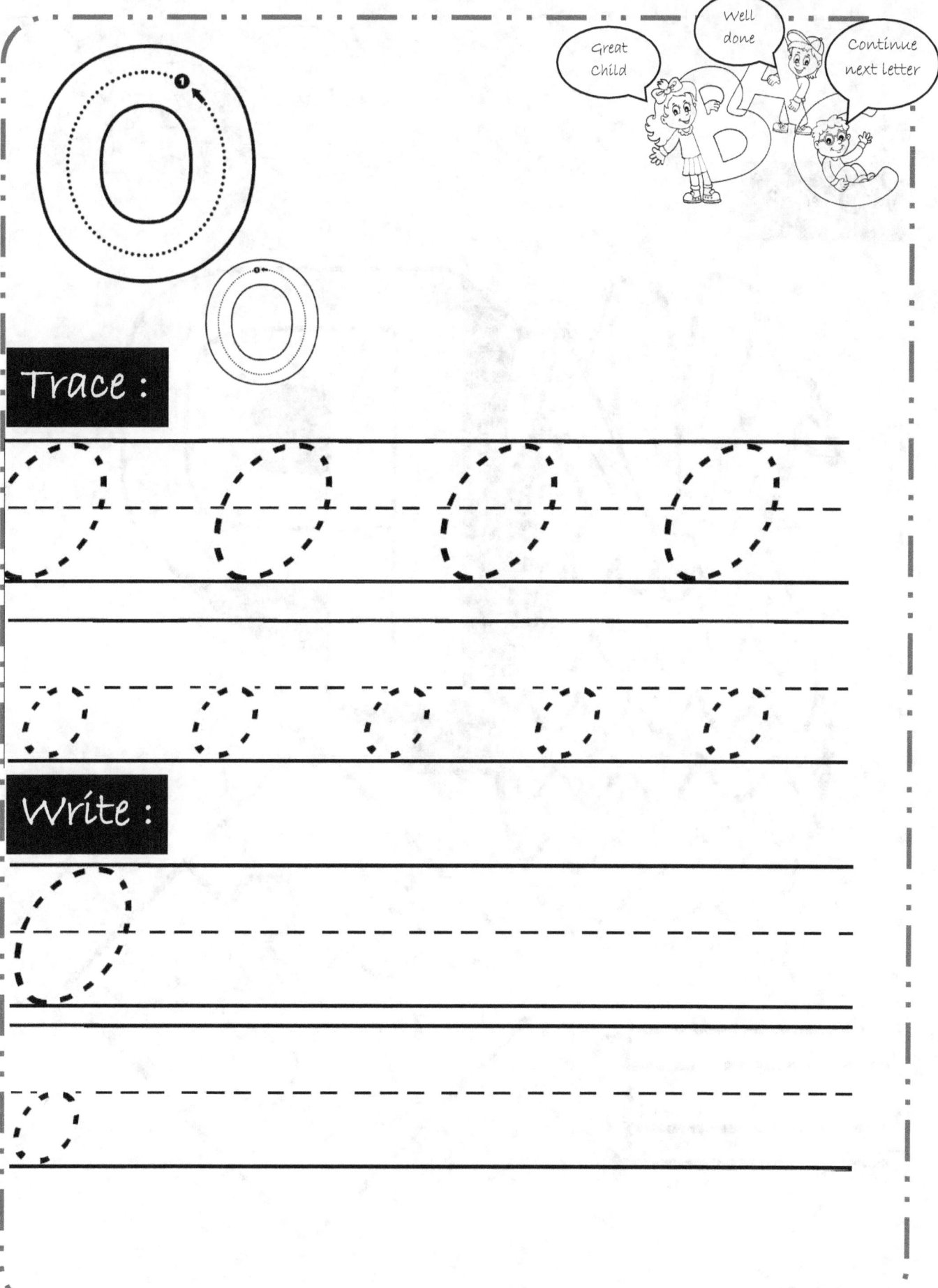

Color:

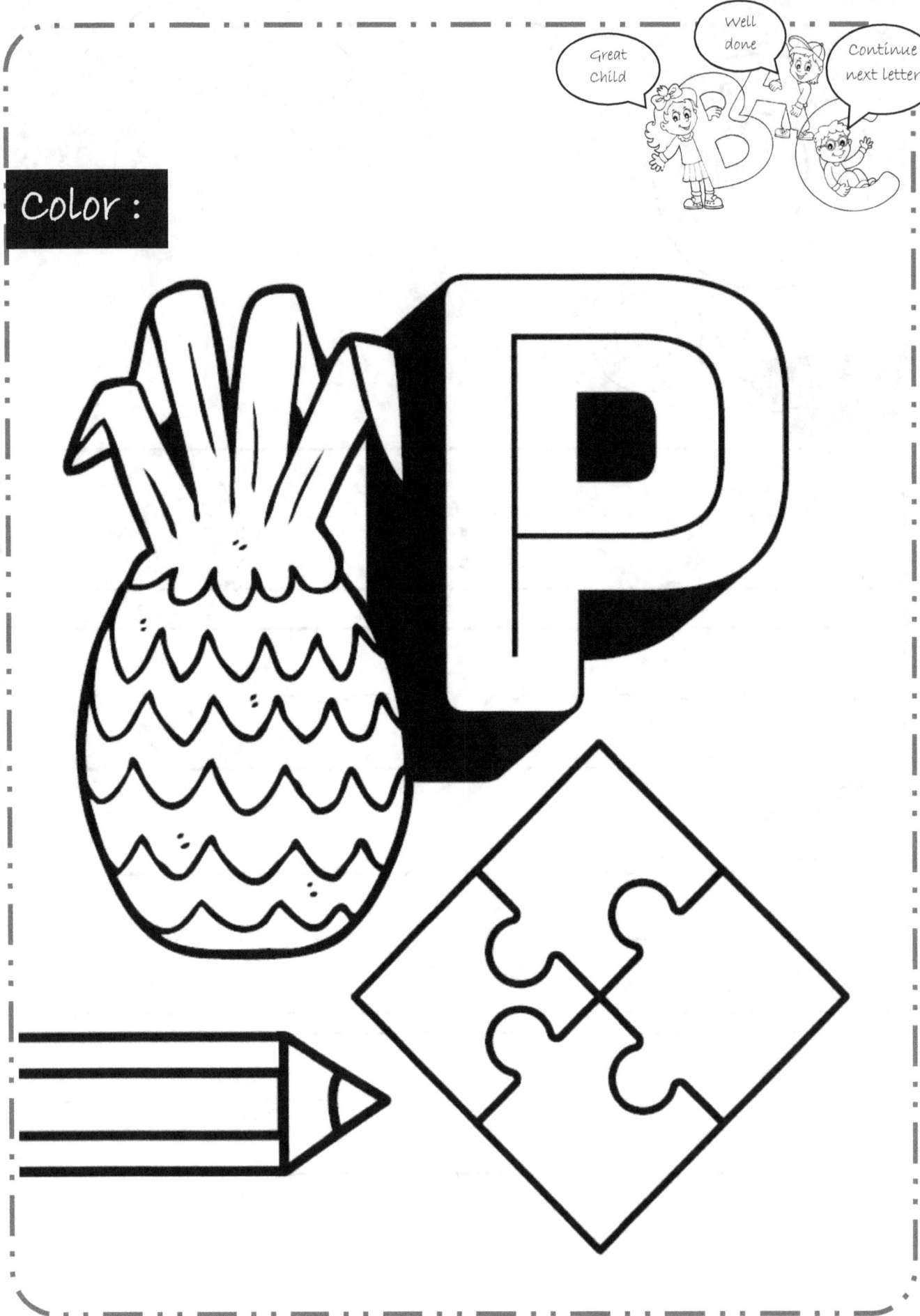

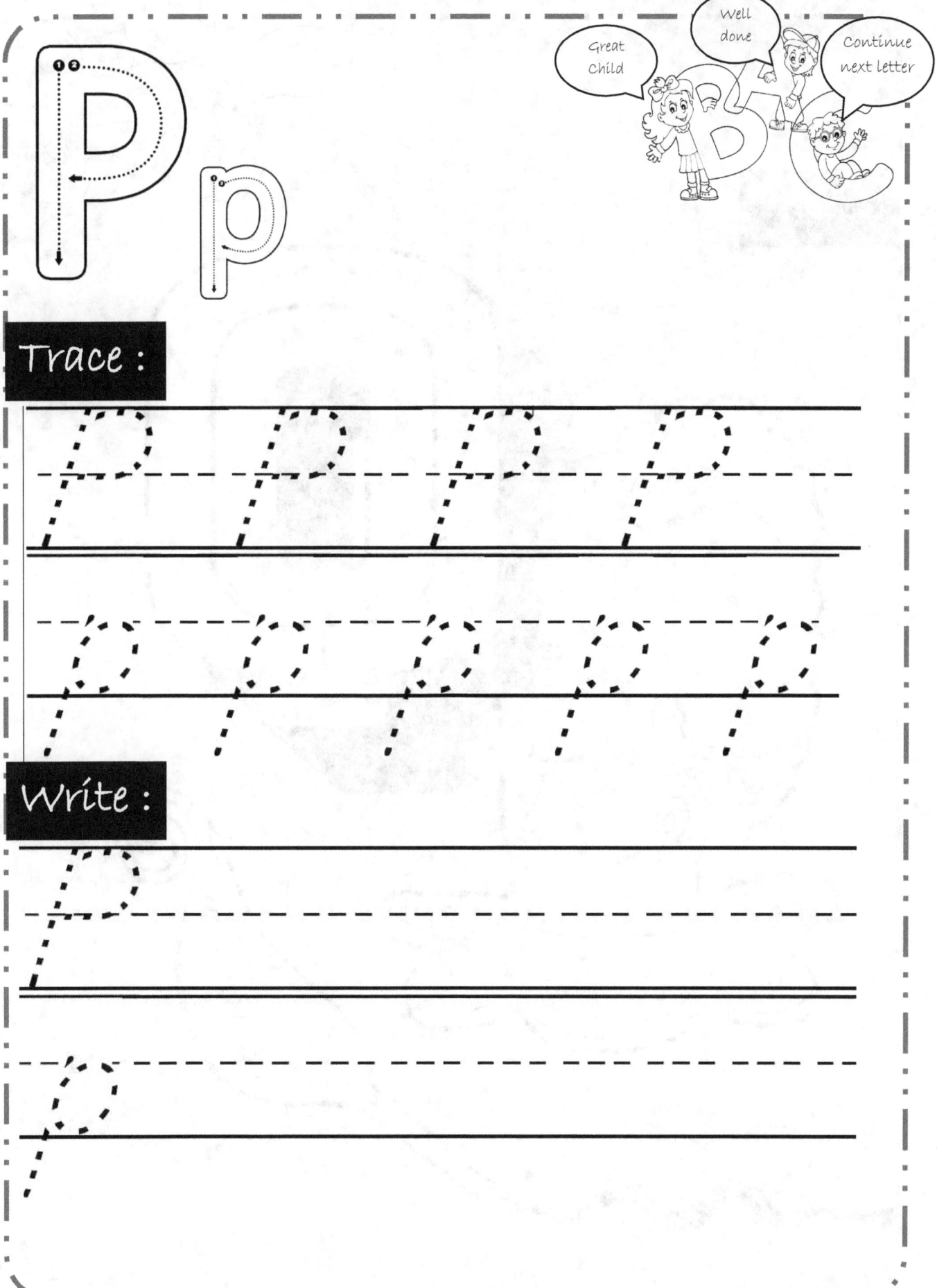

Color:

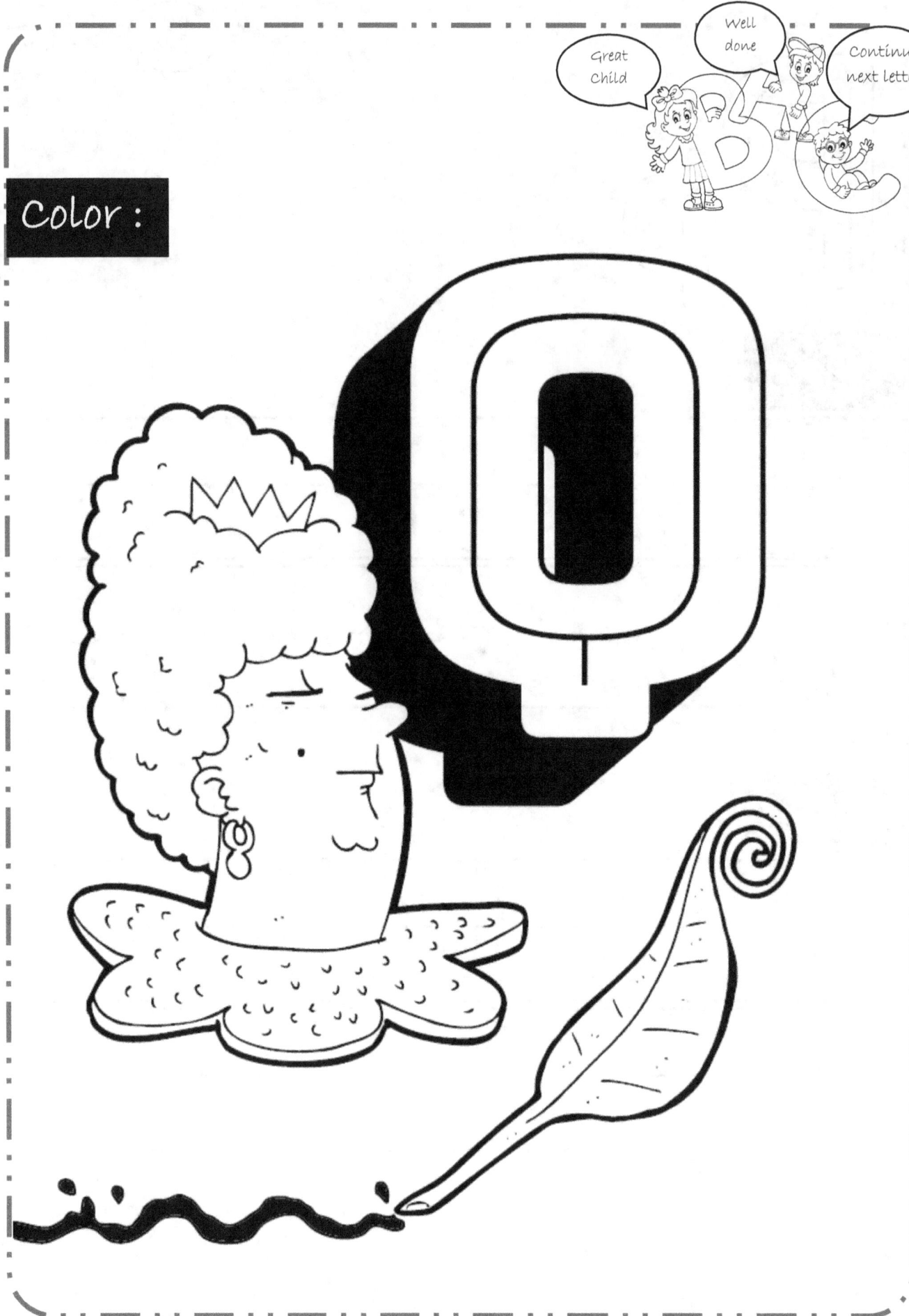

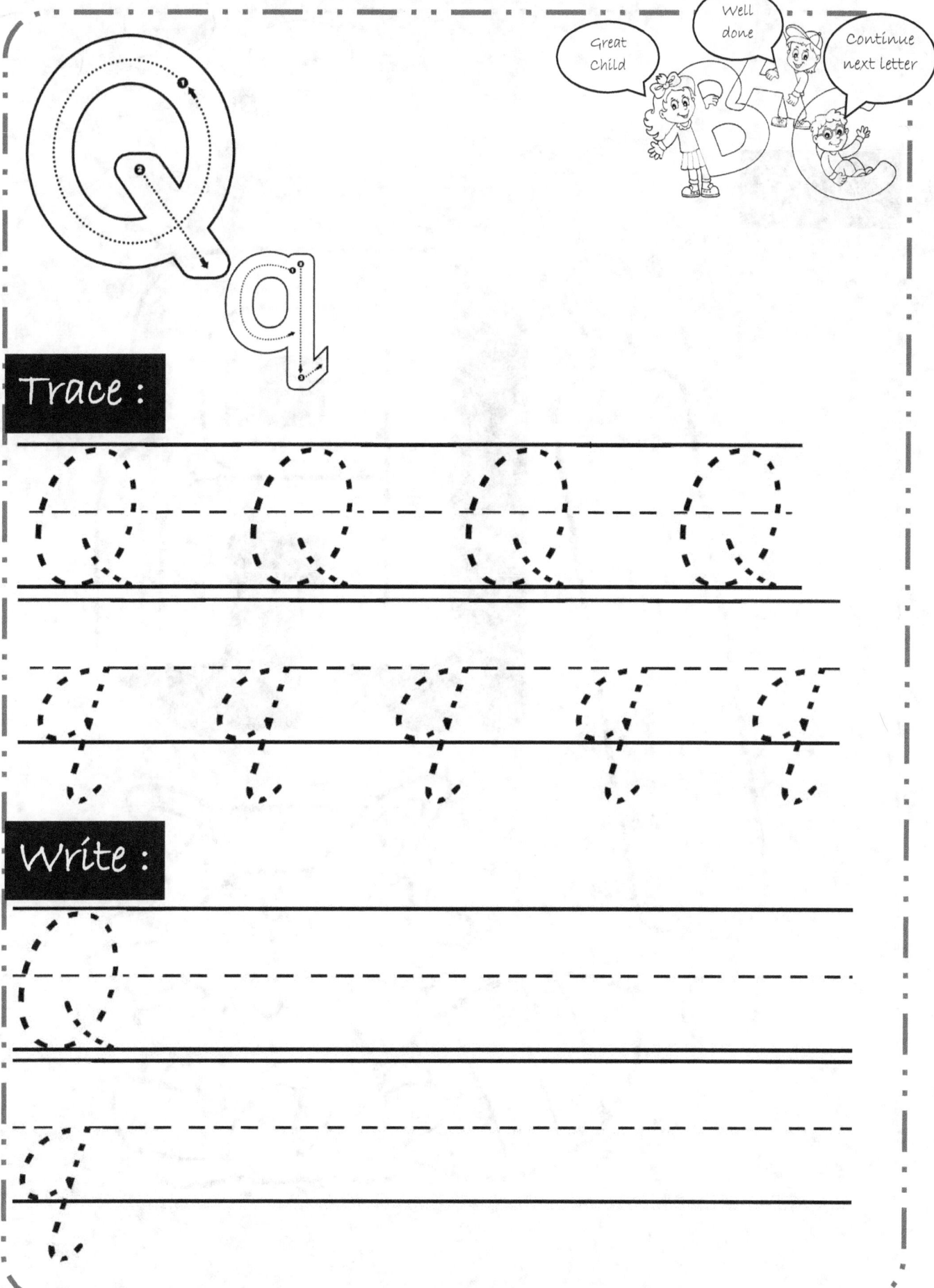

Color:

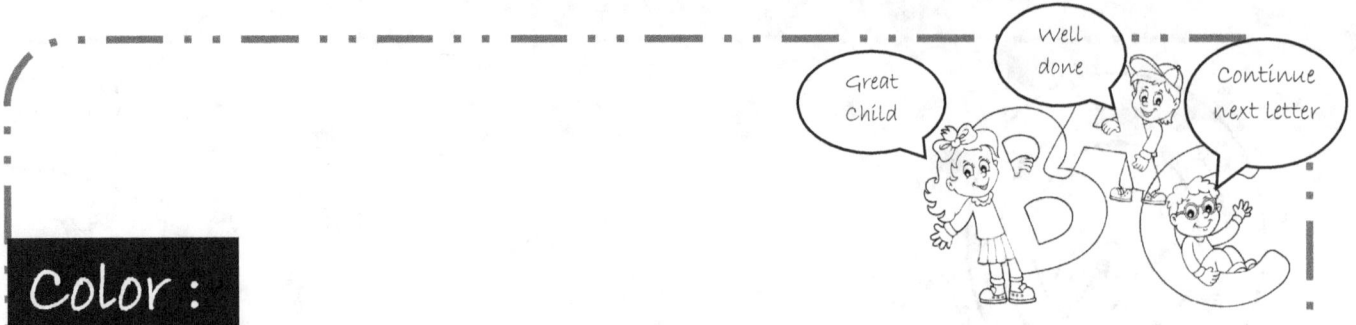

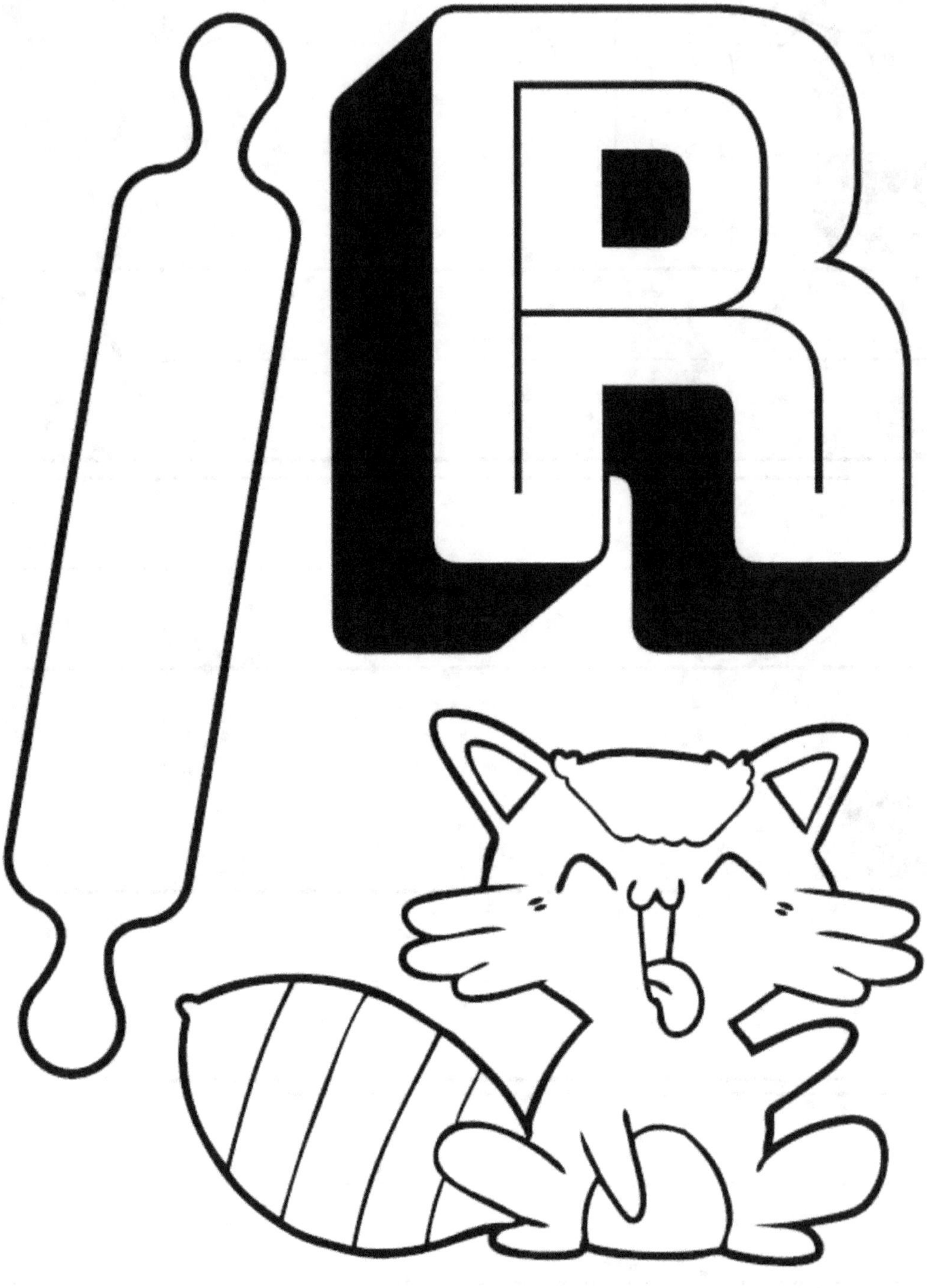

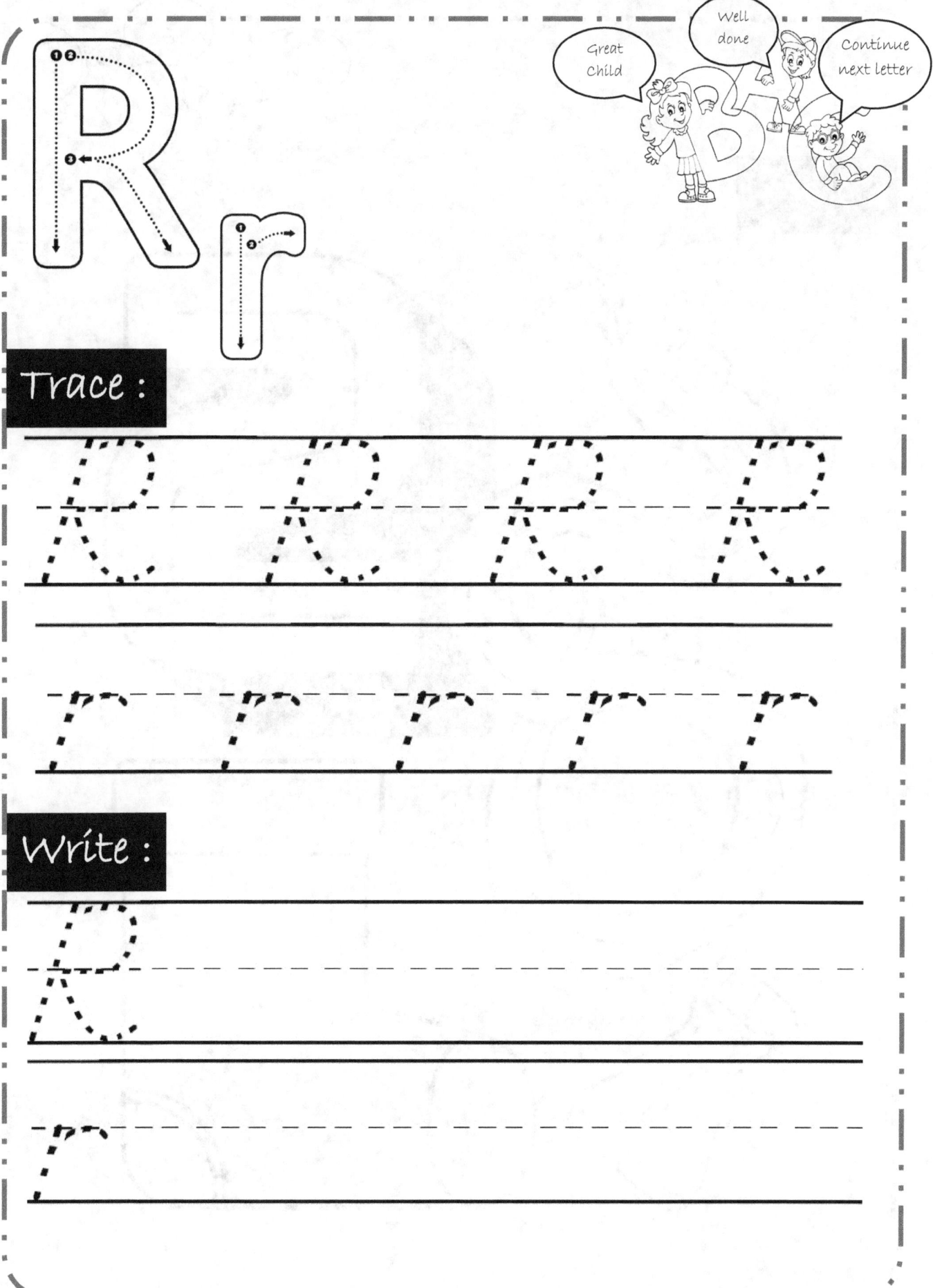

Color :

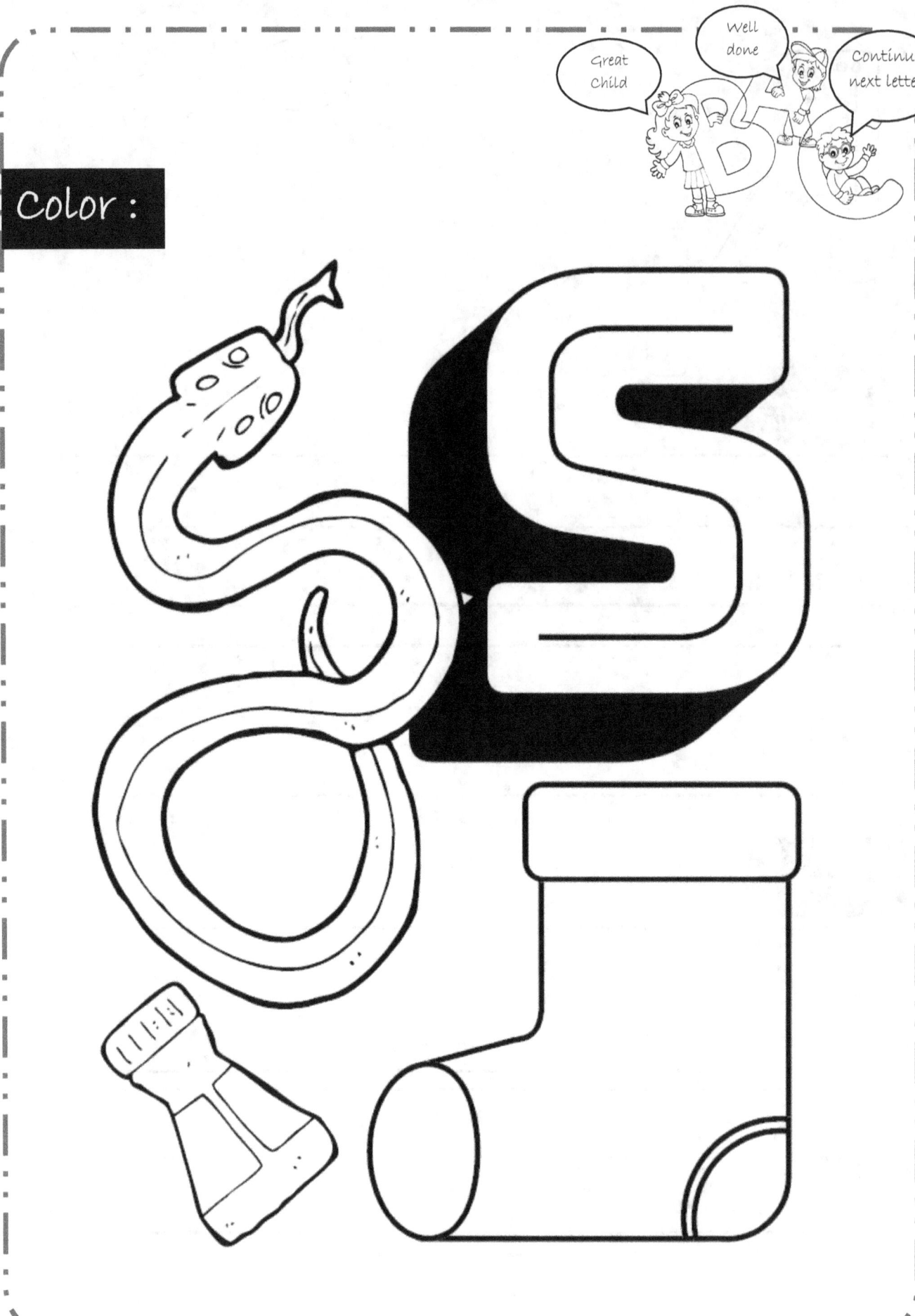

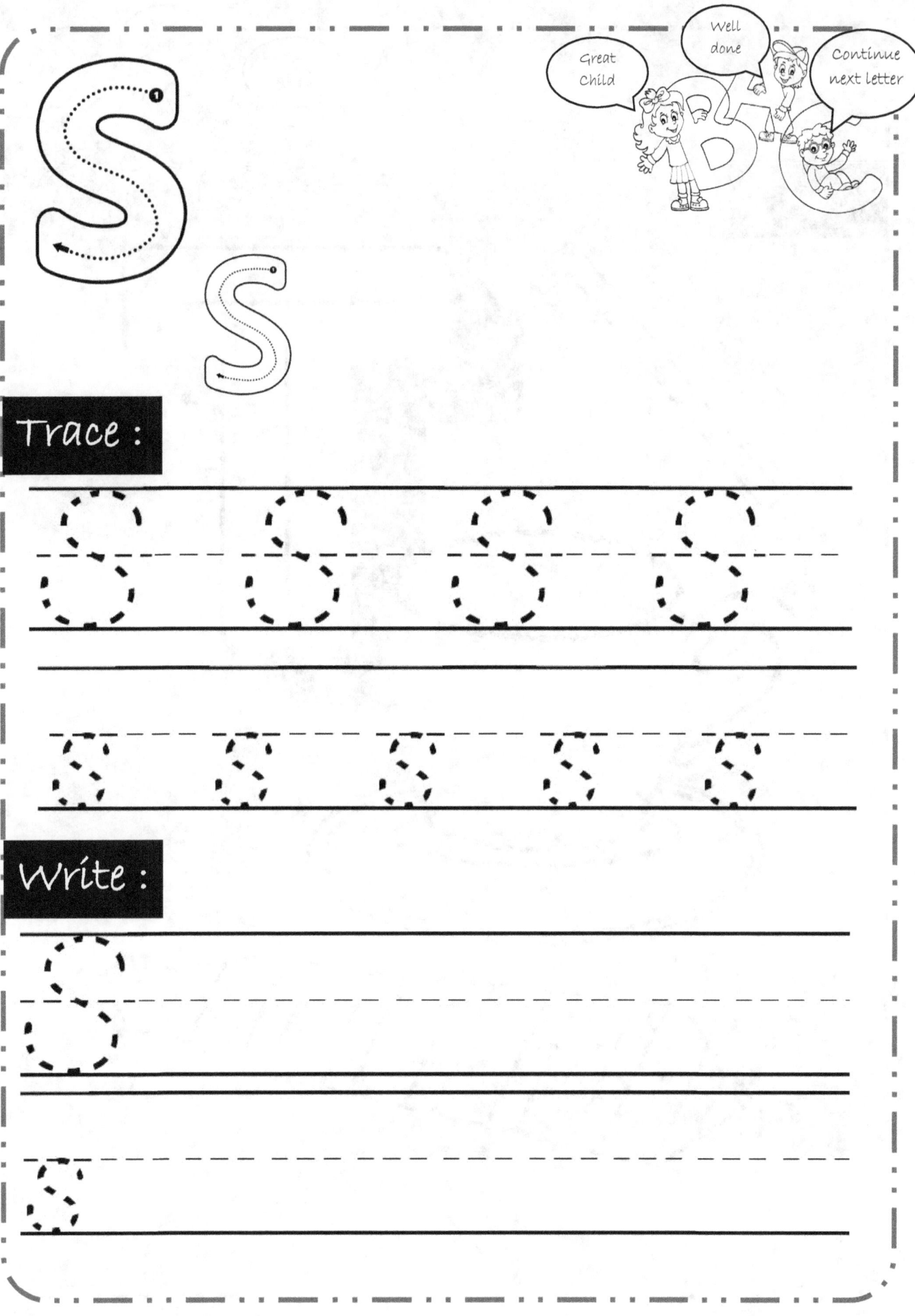

Color:

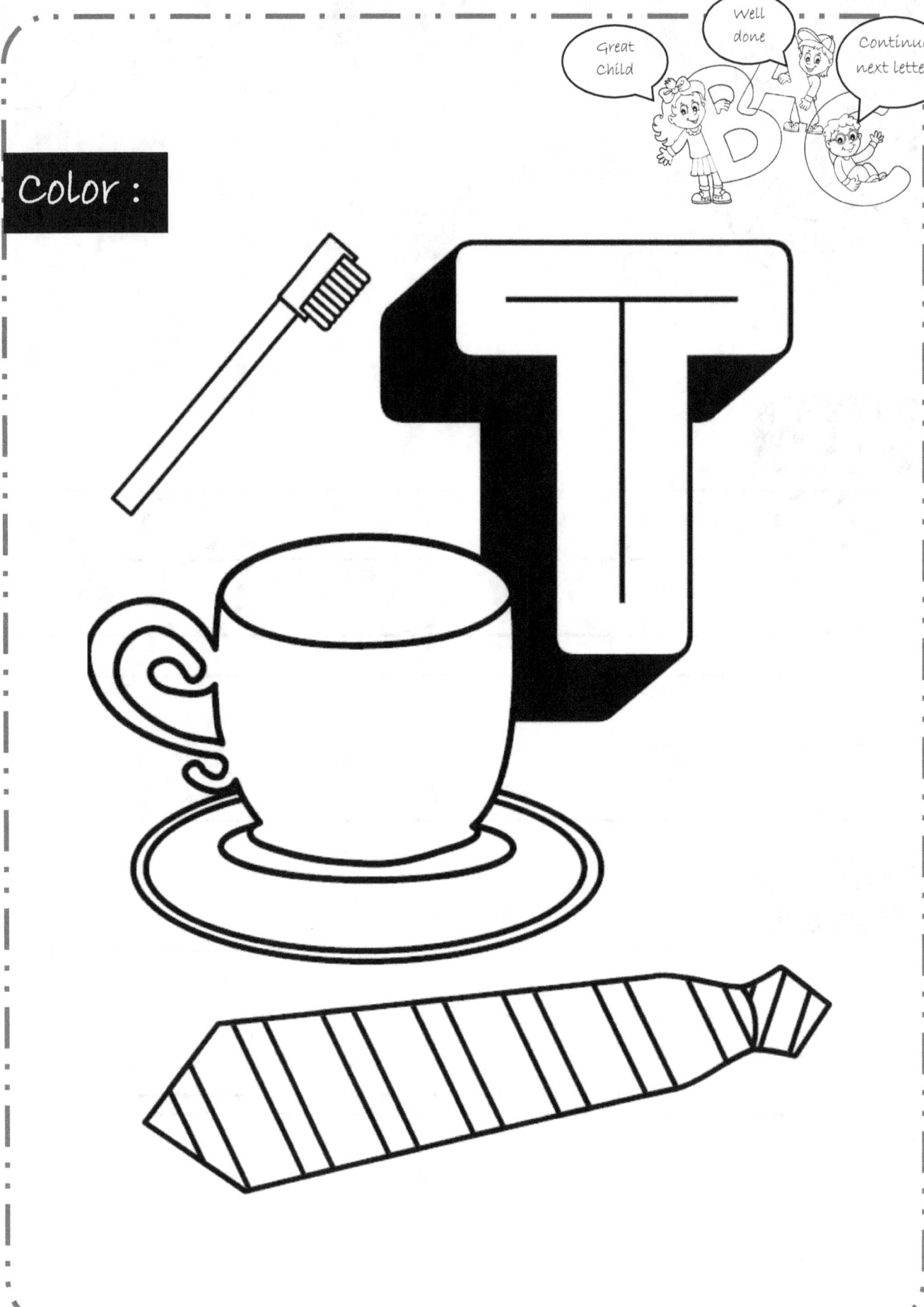

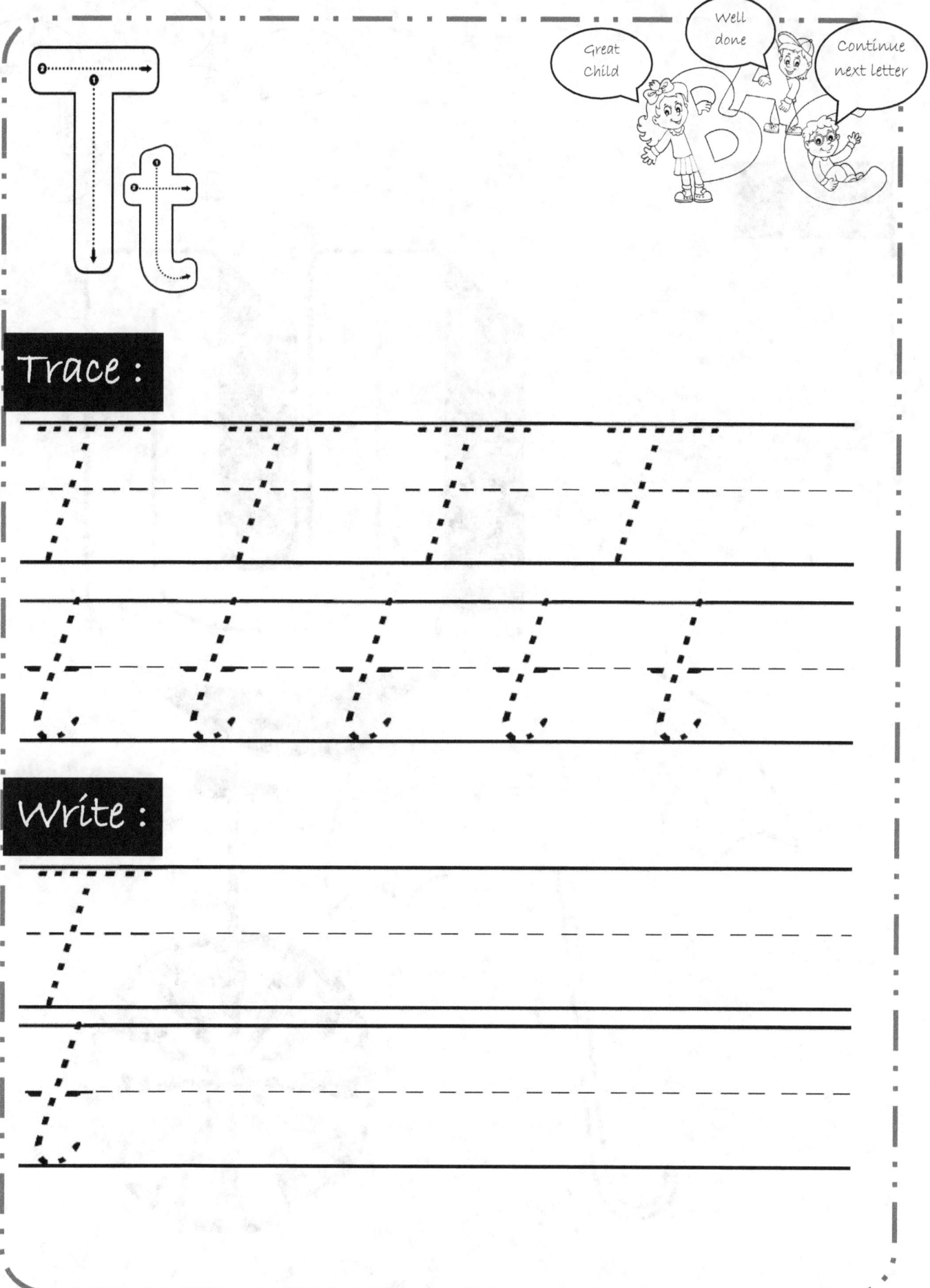

Color:

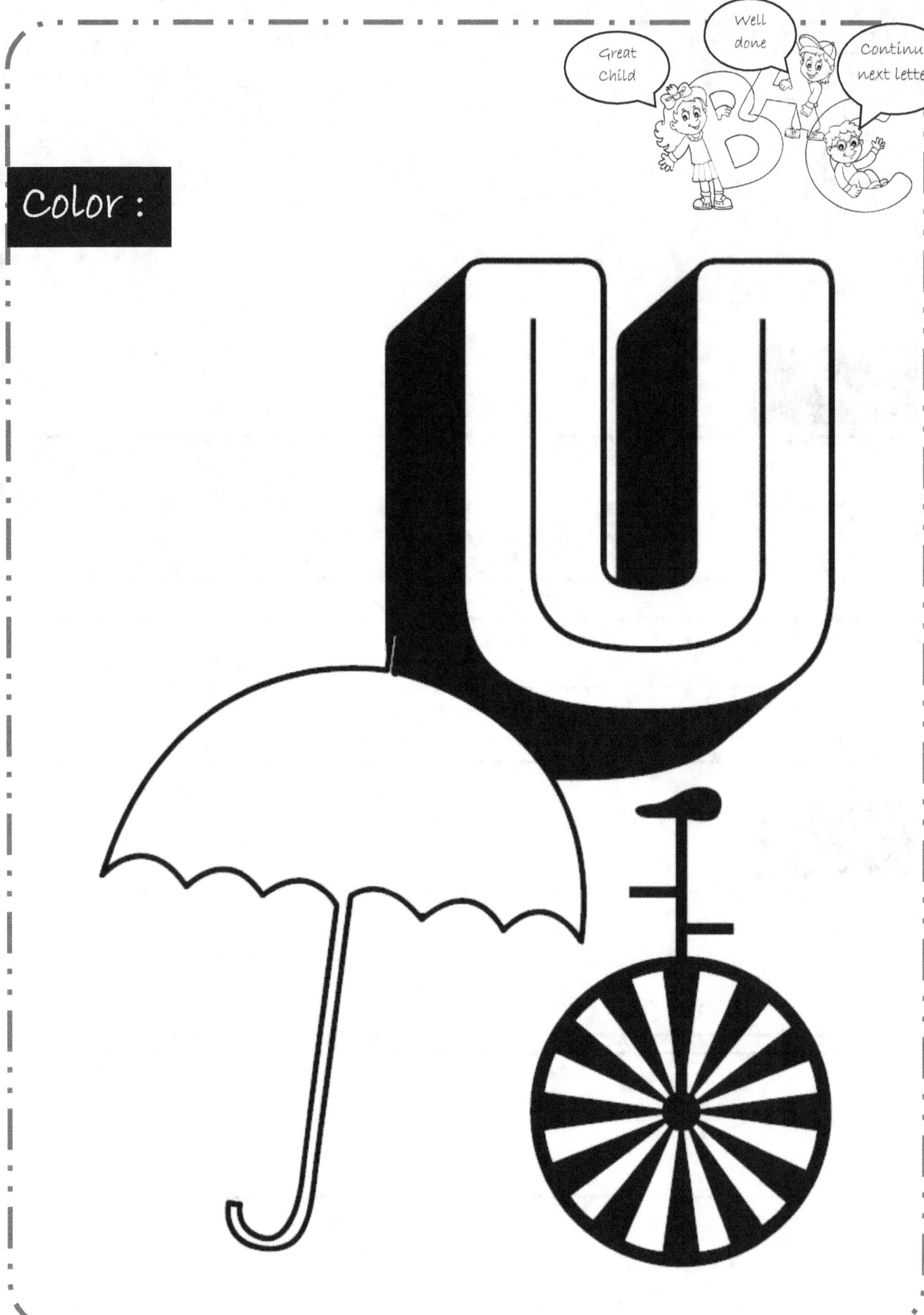

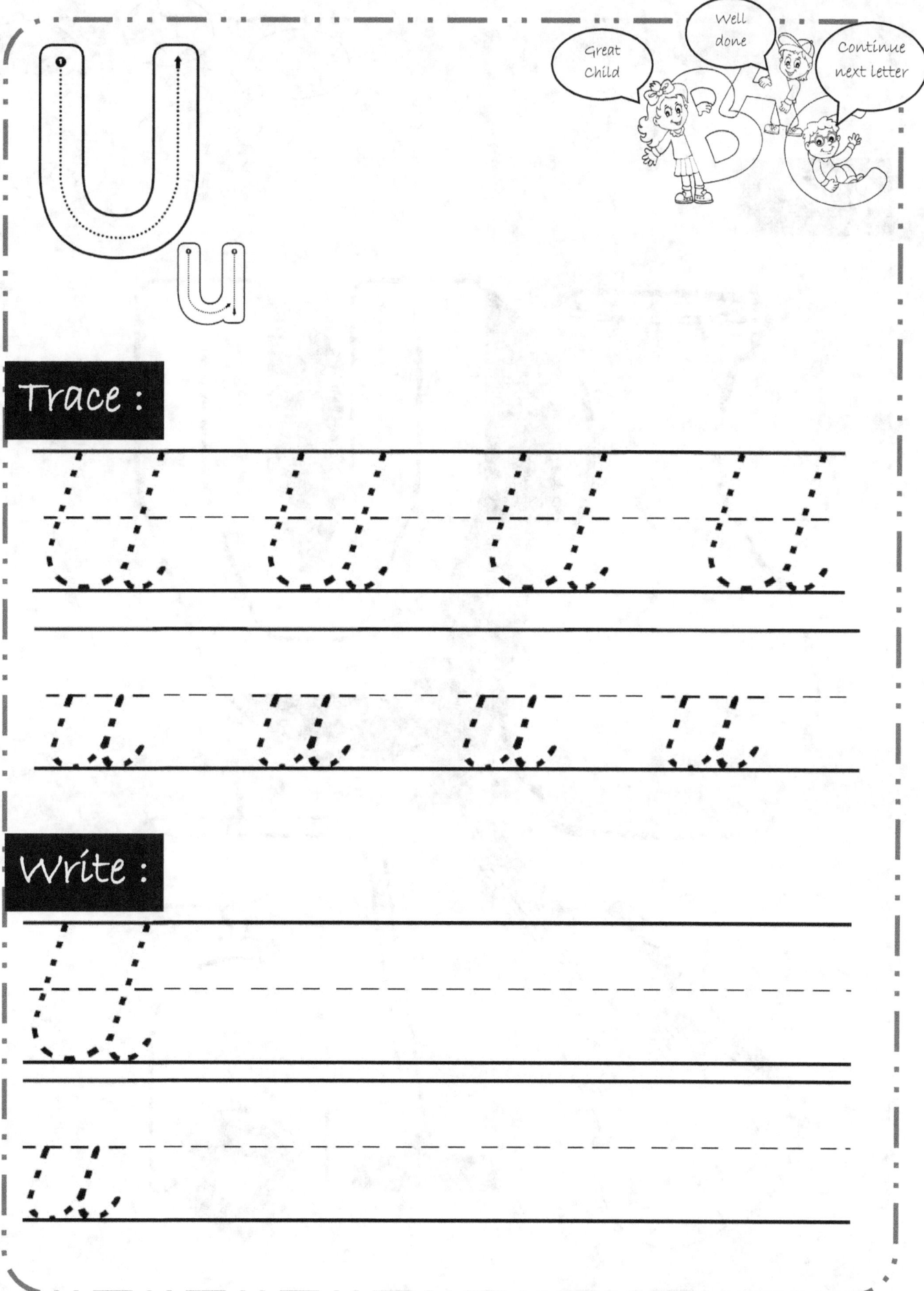

Color:

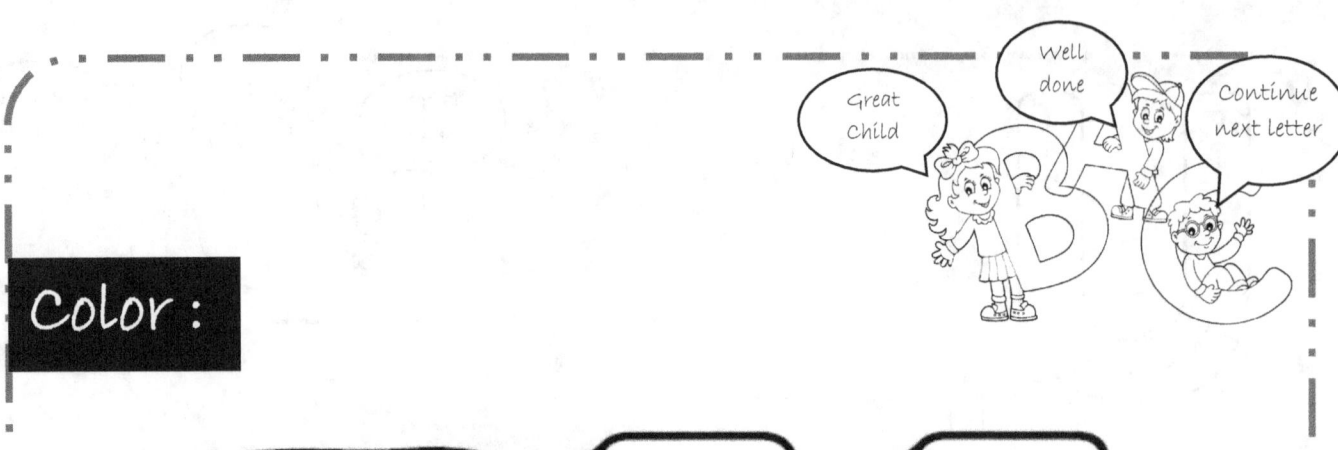

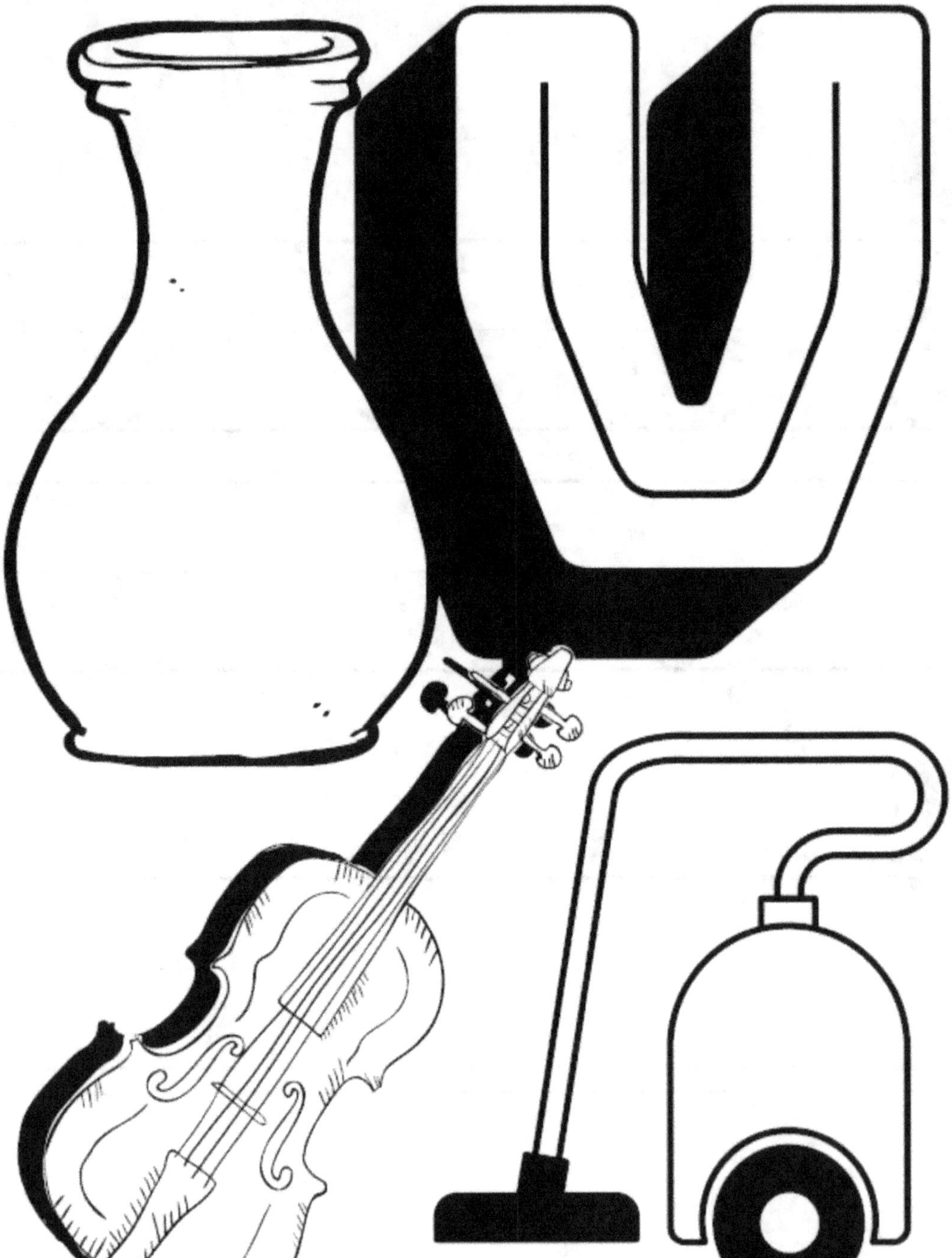

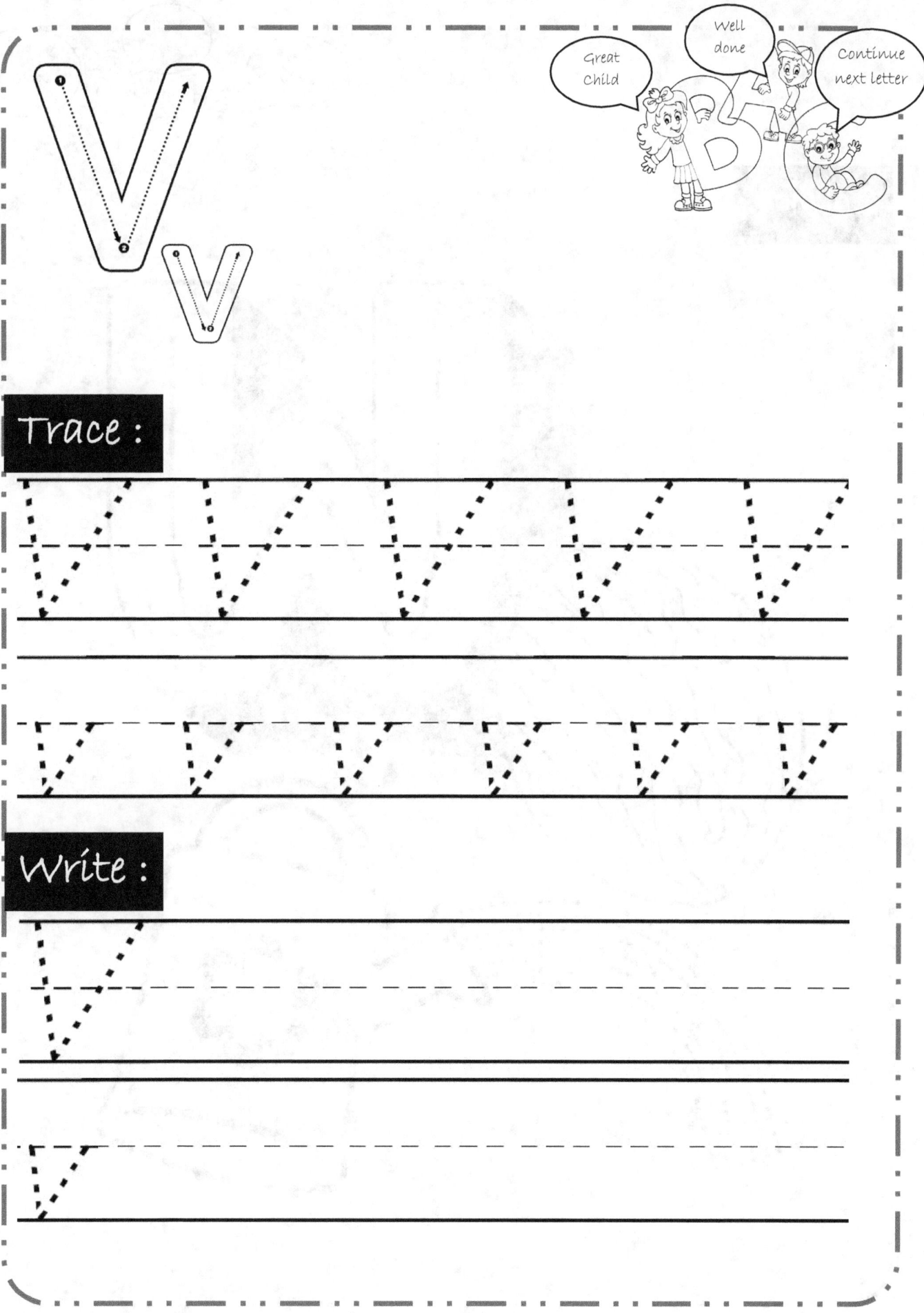

Color:

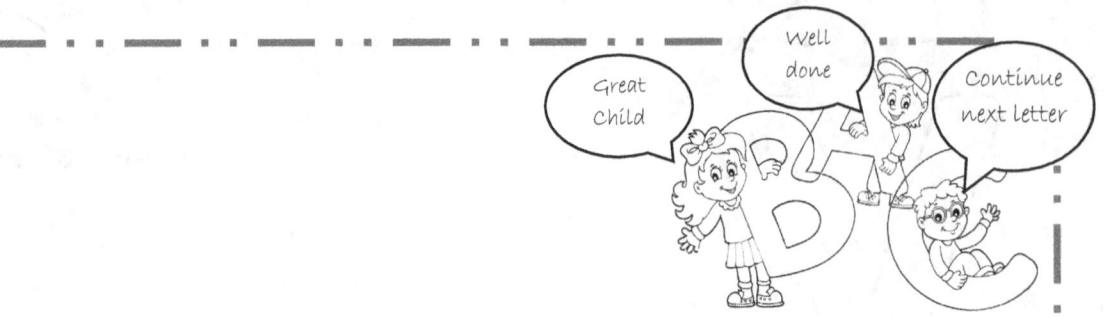

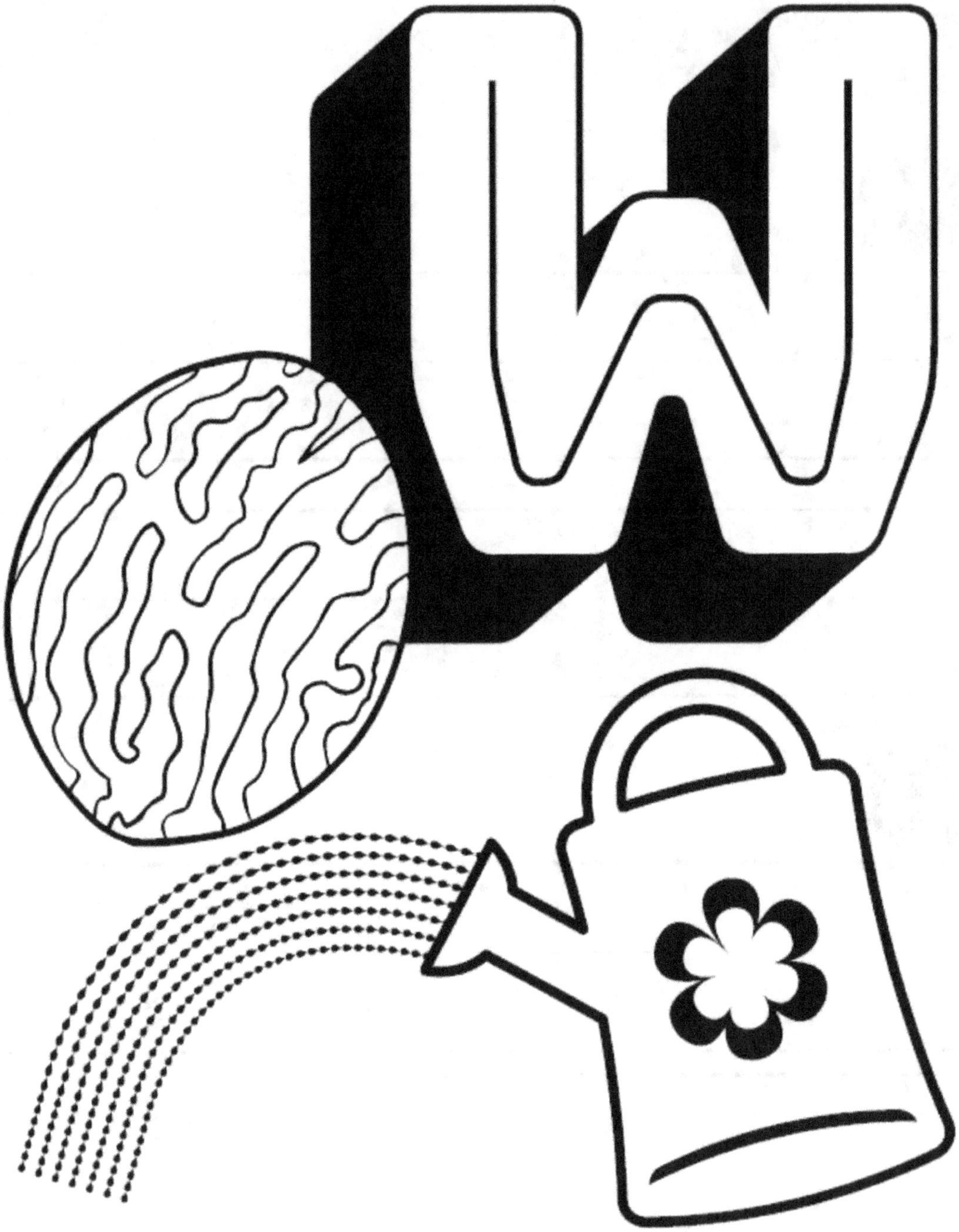

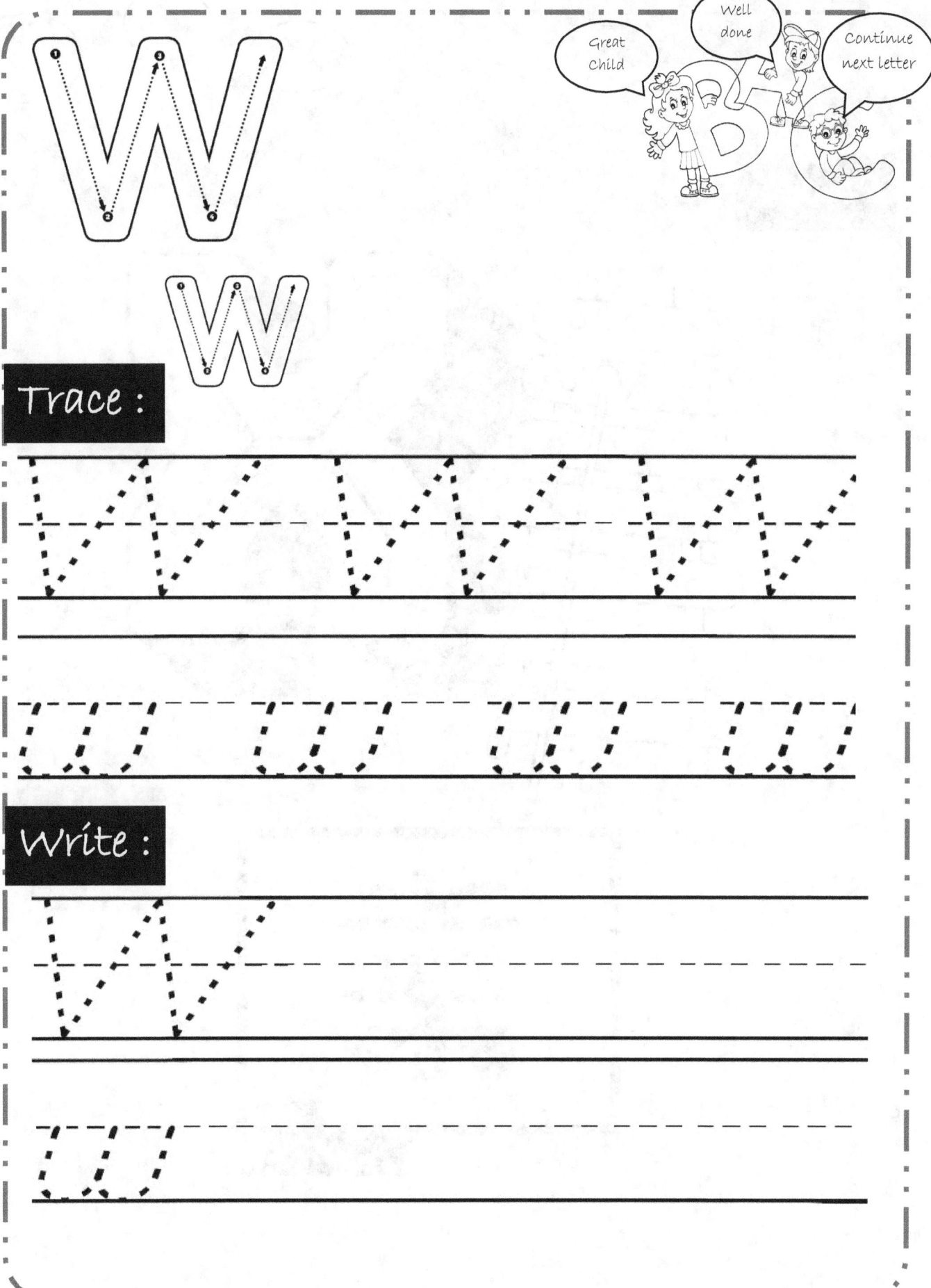

Color:

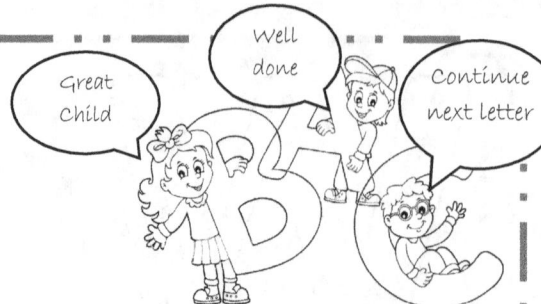

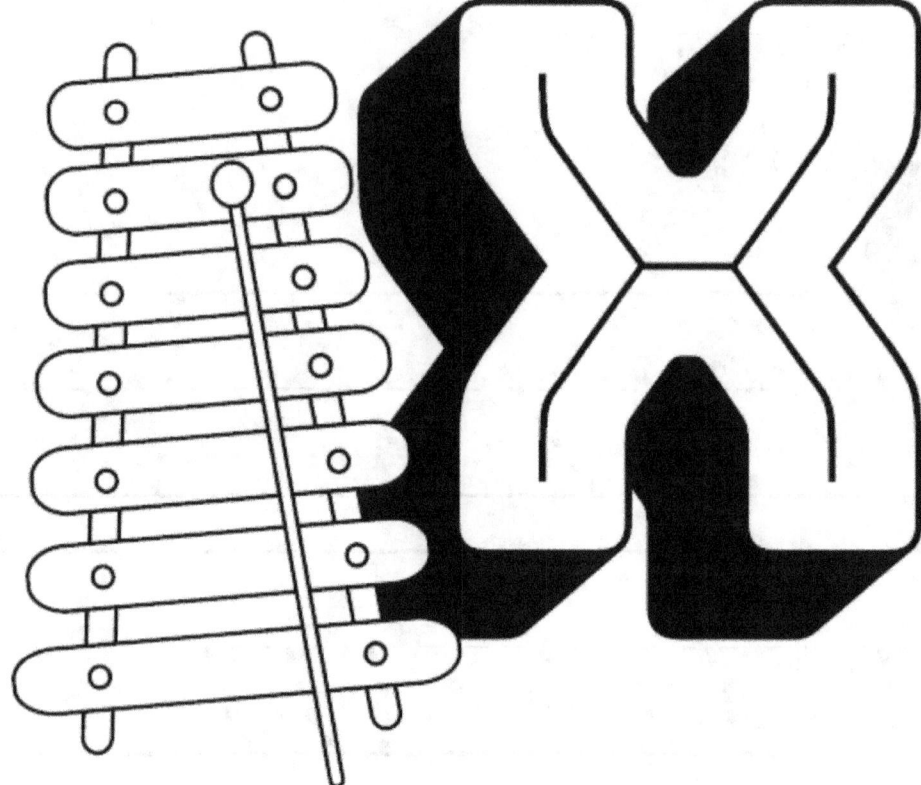

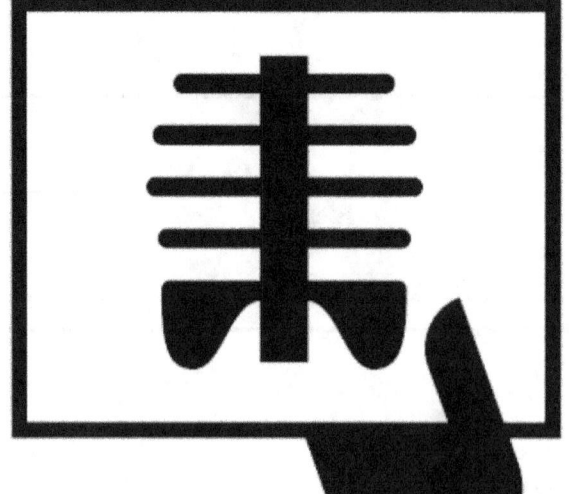

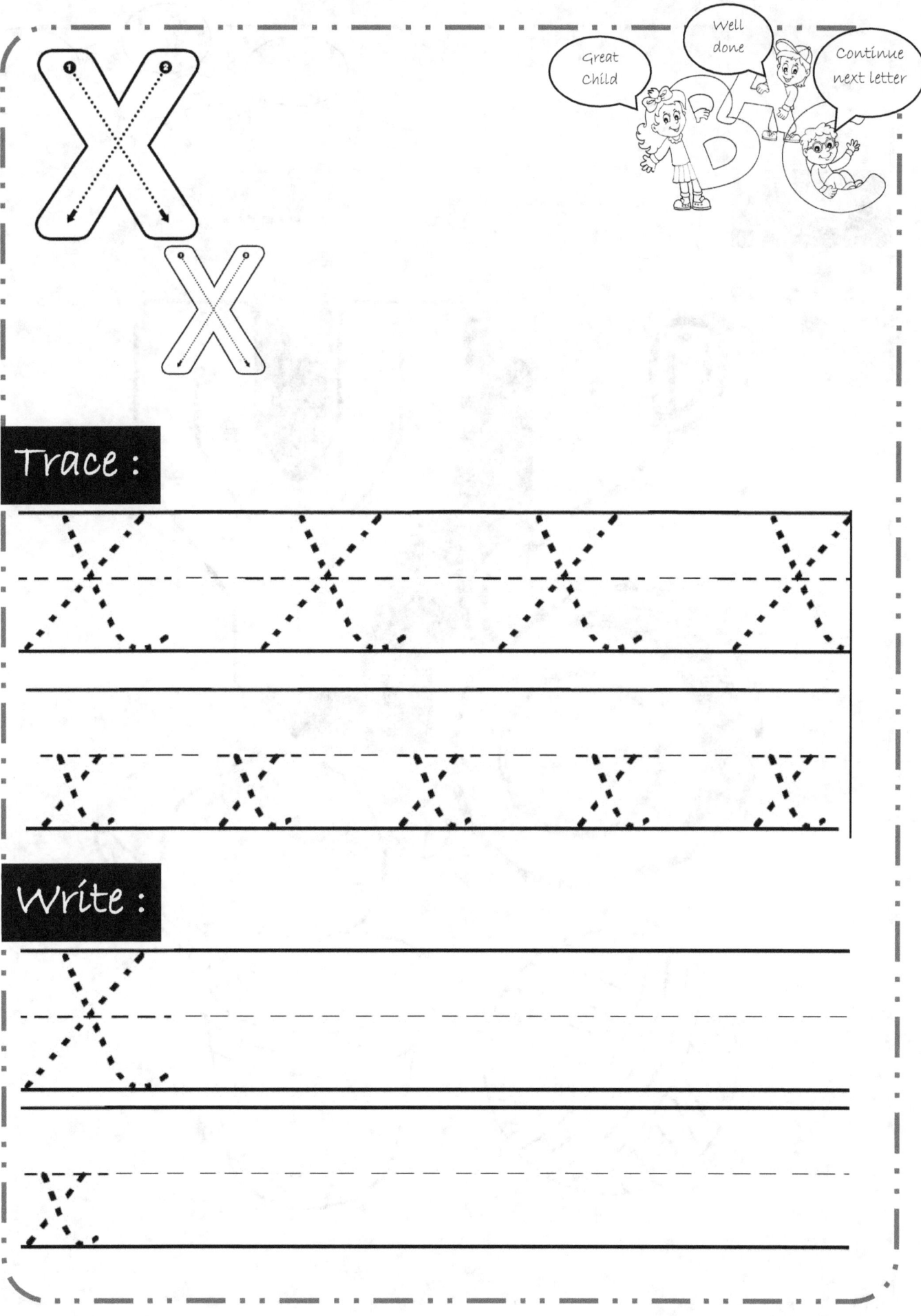

Color:

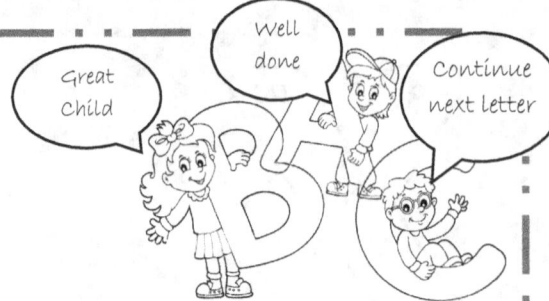

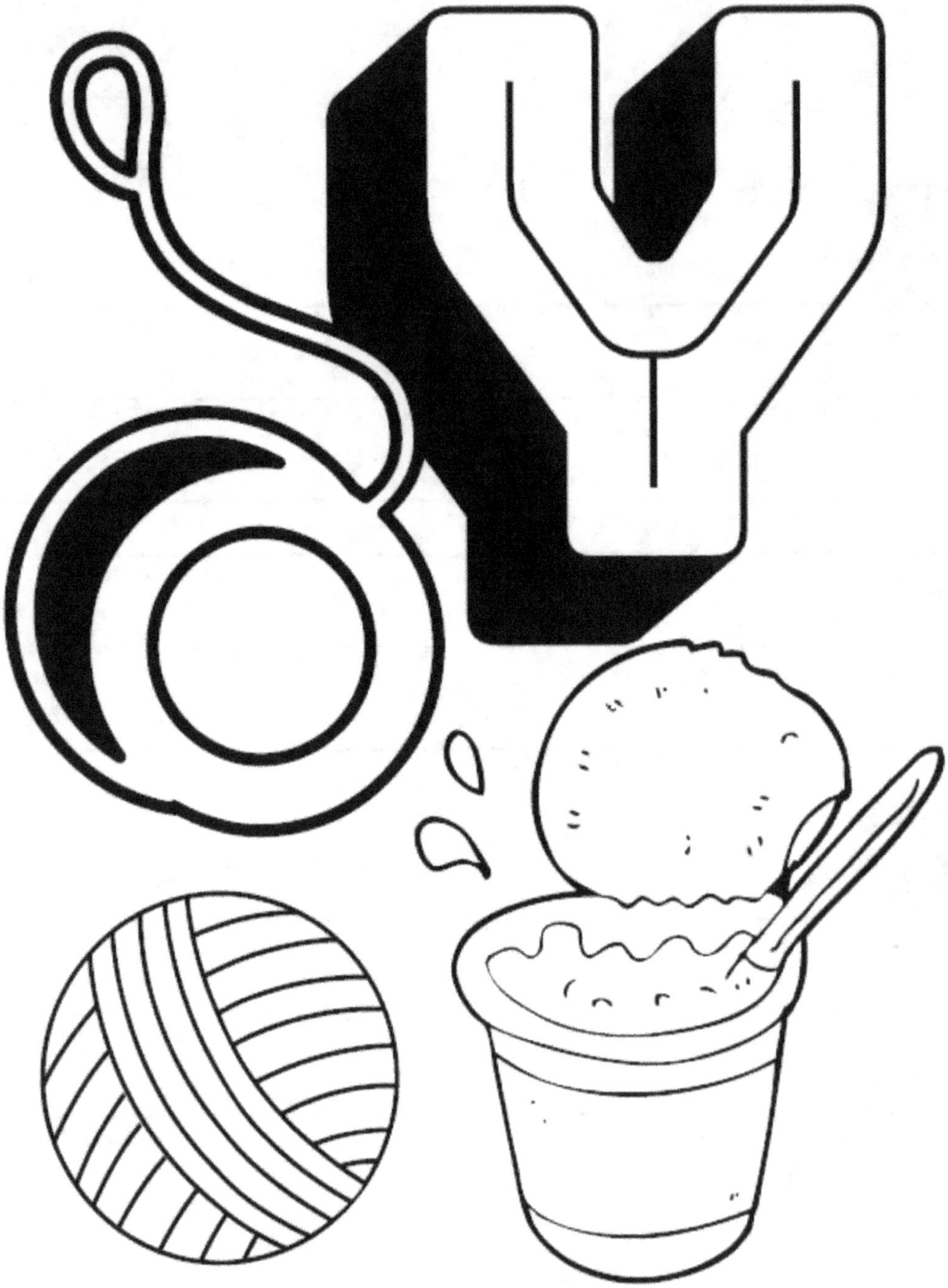

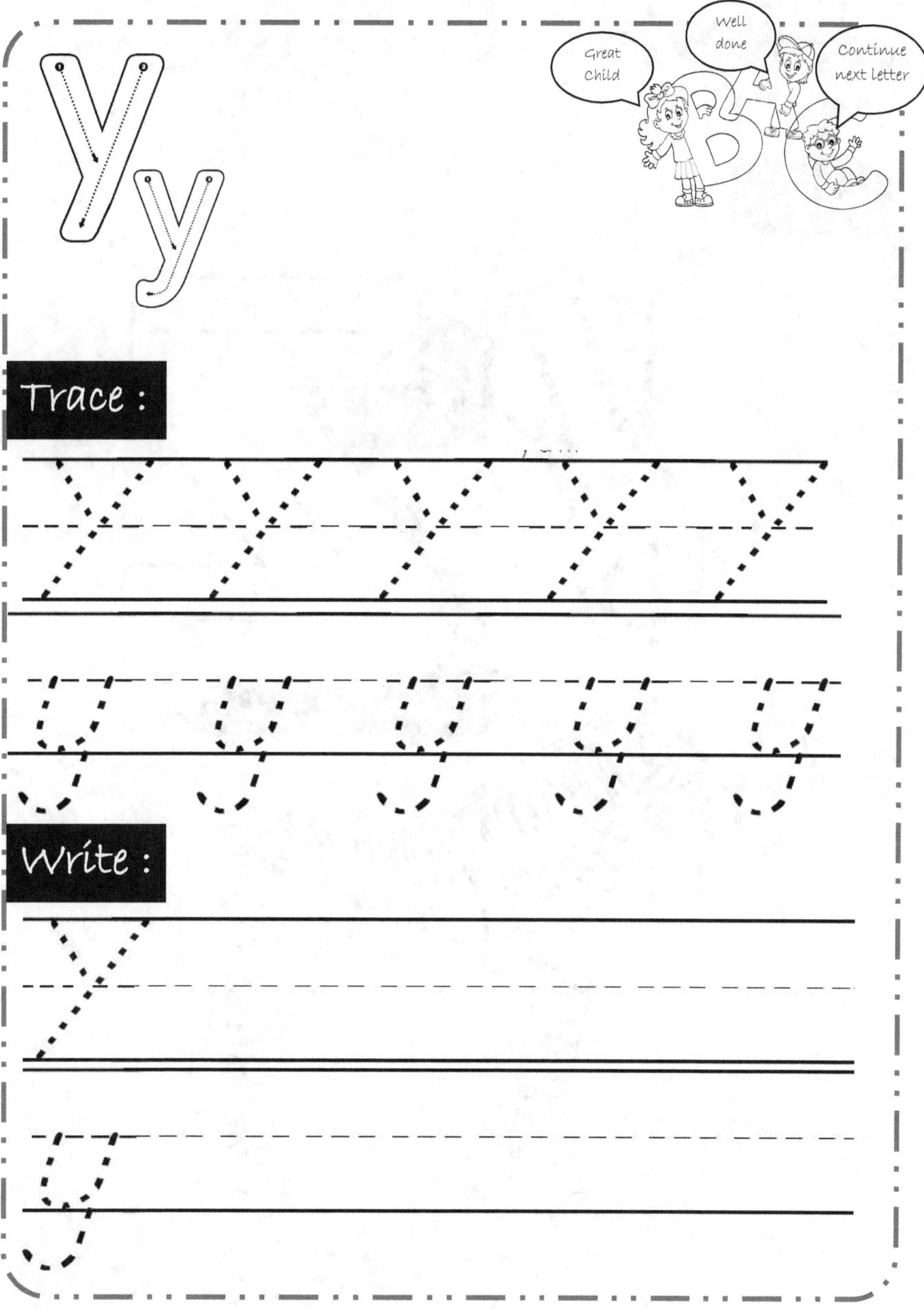

Color:

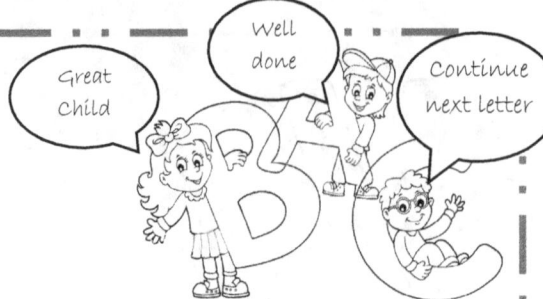

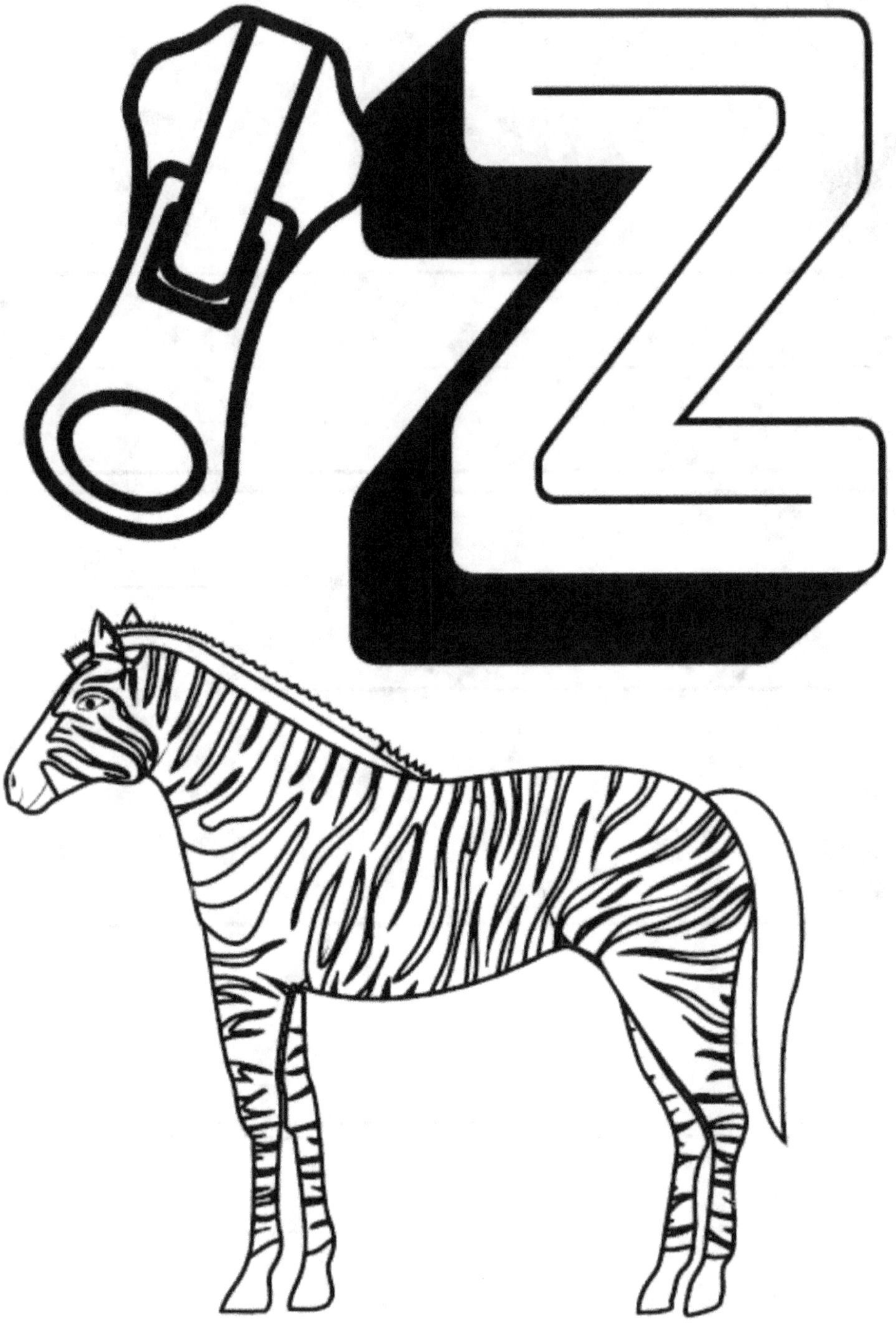

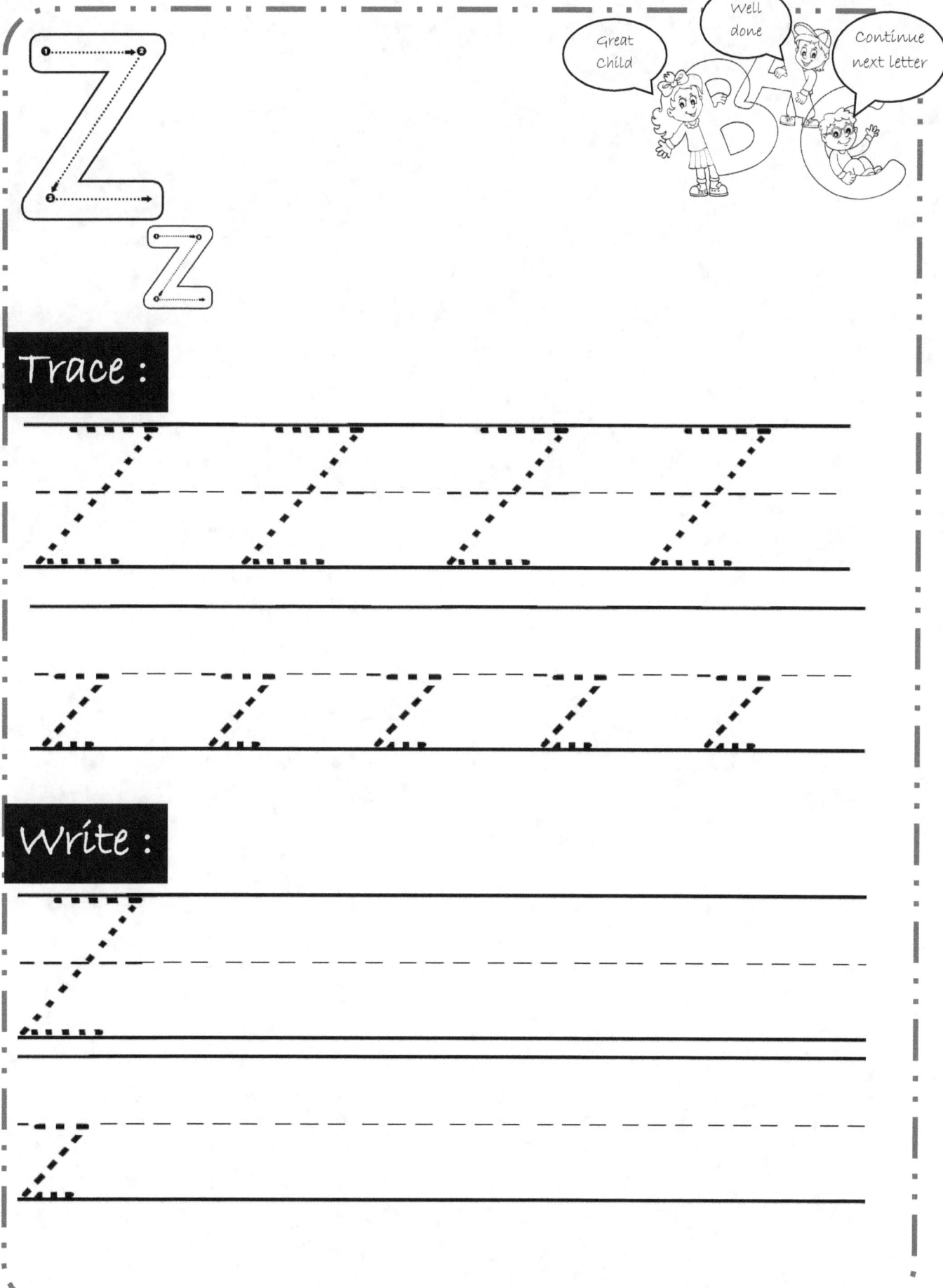

www.ingramcontent.com/pod-product-compliance
Lightning Source LLC
Chambersburg PA
CBHW081659220526
45466CB00009B/2819